DESACOMODANDO A PÓS-GRADUAÇÃO
propostas de mudanças

volume **1**

Coleção Pós-Graduação: investigações e proposições

A Compassos Coletivos acredita que os conhecimentos são ferramentas de transformação e de construção de mundos mais justos, igualitários e amorosos. Este livro tem uma versão eletrônica disponível em acesso totalmente livre e aberto, que pode ser baixada por qualquer pessoa interessada.

Este trabalho foi realizado com apoio da FAPERJ - Fundação Carlos Chagas Filho de Amparo à Pesquisa do Estado do Rio de Janeiro, com Bolsa de Bancada para Projetos, no âmbito do Programa Jovem Cientista do Nosso Estado E-26/201.356/2021 (Brasil).

Este trabalho foi financiado por fundos nacionais através da FCT - Fundação para a Ciência e a Tecnologia, I.P., no âmbito do Projeto UIDB/04521/2020 (Portugal).

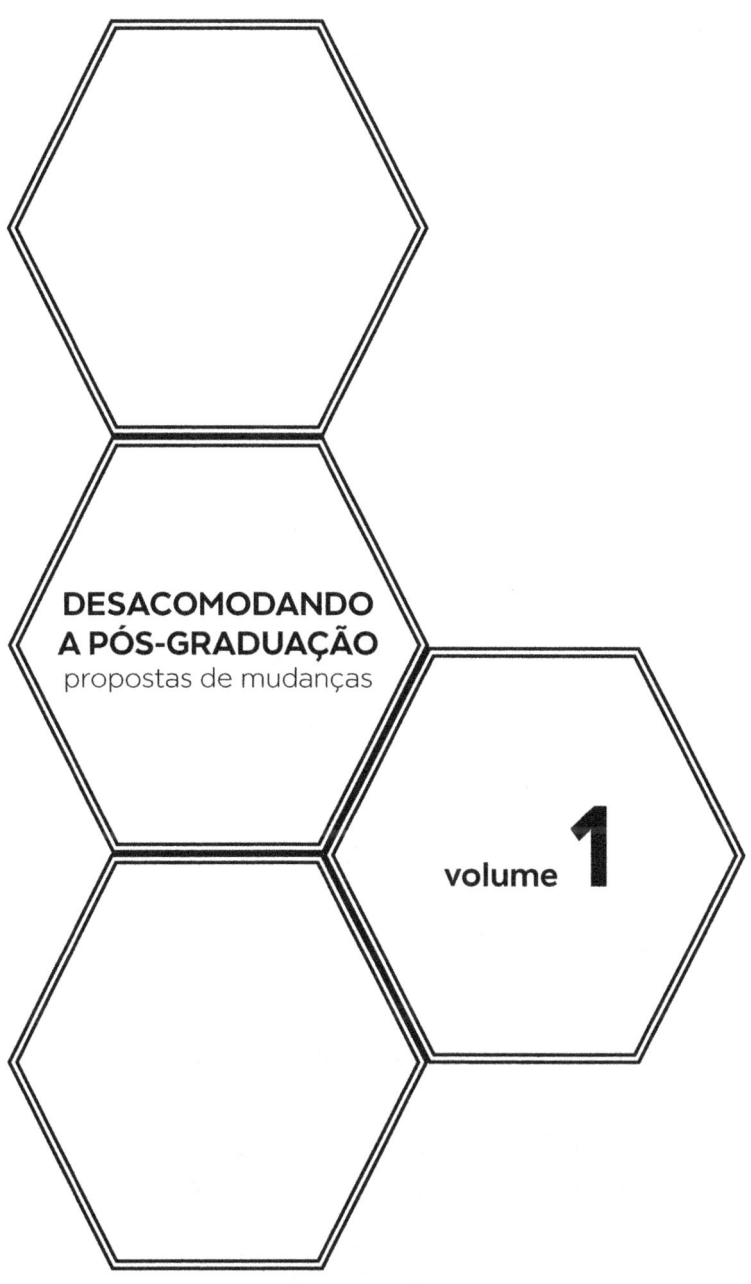

DESACOMODANDO A PÓS-GRADUAÇÃO
propostas de mudanças

volume 1

Compassos Coletivos

2024

ComPassos Coletivos

livros@compassoscoletivos.com.br

Rio de Janeiro | Brasil

Conselho Editorial

Profª. Drª. Daniele Maria Oliveira de Jesus (Australia)
Prof. Dr. Igor Vinicius Lima Valentim (Brasil)
Prof. Dr. José Maria Carvalho Ferreira (Portugal)
Prof. Dr. Paulo Roberto da Silva (Brasil)
Prof. Dr. Ricardo Luiz Pereira Bueno (Brasil)
Profª. Drª. Simone Torres Evangelista (Brasil)

Primeira edição: março de 2024

Capa: Igor Valentim e Claucia Faganello
Imagem da Capa: Gerada por IA via Microsoft Designer

Trechos deste livro podem ser reproduzidos, desde que seja citada a fonte e que isso aconteça sem finalidade comercial e/ou lucrativa. Para a reprodução do livro completo é necessária a autorização da editora.

Catalogação na Publicação (CIP)

D4414

Desacomodando a Pós-Graduação: propostas de mudanças / organizadores Igor Vinicius Lima Valentim e Claucia Piccoli Faganello. - Rio de Janeiro: ComPassos Coletivos, 2024.

Coleção Pós-Graduação: investigações e proposições. Volume 1.
186 p.

Inclui referências, índice remissivo e informações sobre os autores.

ISBN (edição impressa): 978-85-66398083
DOI: 10.5281/zenodo.10805893

ISBN (edição digital EPUB): 978-85-66398076

1. Educação Superior 2. Universidade 3. Pós-Graduação I. Título.
CDU 378.046.4

"The greatest crimes in the world are not committed by people breaking the rules but by people following the rules"

"Os maiores crimes no mundo não são cometidos por pessoas quebrando as regras, mas por pessoas seguindo as regras"
- Banksy

SUMÁRIO

13 Construindo Outra Pós-Graduação
Igor Vinicius Lima Valentim
Claudia Piccoli Faganello

23 Experiência sensível de pesquisa: um antídoto contra as antiexperiências na pós-graduação
Samanta Borges Pereira
Flávia Naves

49 Romper barreiras: Programas de Pós-graduação inclusivos para pessoas que trabalham
Juliana Crespo Lopes

61 Você topa deixar de ser um mestre de marionetes? Três propostas de mudanças para a Pós-Graduação
Igor Vinicius Lima Valentim

85 Afetividade e vínculos na pós-graduação: uma autoetnografia a partir de vivências no mestrado e no doutorado
Rosiane Alves Palacios

103 Das contradições e perversões que são ministradas nas universidades
José Maria Carvalho Ferreira

123 Não caminhamos sós: uma autoetnografia sobre a importância das redes de apoio na pós-graduação
Claudia Piccoli Faganello

137 Panorama da participação feminina na Pós-Graduação em Urbanismo da Faculdade de Arquitetura e Urbanismo da Universidade Federal do Rio de Janeiro
Nátali Roberta de Sousa Nuss

153 Algumas propostas concretas para outra Pós-Graduação
Igor Vinicius Lima Valentim
Claudia Piccoli Faganello

167 Índice Remissivo

175 Sobre as autoras e os autores

1

CONSTRUINDO OUTRA PÓS-GRADUAÇÃO

Igor Vinicius Lima Valentim
Cláucia Piccoli Faganello

Qual é a Pós-Graduação que você deseja?

O que precisa mudar na Pós-Graduação?

Que mudanças em Mestrados e Doutorados você propõe?

Essas foram as perguntas-chave que nos motivaram a organizar uma série de eventos internacionais focados no universo da Pós-Graduação. Existem centenas de milhares de eventos ao redor do mundo. Pra que, então, organizar outros?

A gente não queria fazer simplesmente mais um evento que cobrasse uma fortuna dos participantes, que ficasse discutindo um monte de autores e textos sem conectá-los com os problemas do mundo (e, neste caso, com os problemas enfrentados em mestrados e doutorados).

Por um lado, a gente queria pensar em propostas de mudanças concretas a partir das vivências das pessoas na/com a Pós-Graduação. E, por outro lado, a gente queria um formato de eventos diferente. Que fossem apoiados na escuta, na troca, na construção coletiva, e não no desfile de conhecimentos.

Este livro foi construído após o primeiro evento

da série (realizado em Outubro de 2023, em Portugal) justamente para apresentar as propostas dos participantes para que possamos juntos promover as mudanças necessárias para o futuro da Pós-Graduação.

Entendemos que eventos acadêmicos são apenas um passo e não uma finalidade em si. Temos como ideia criar momentos, espaços e construir uma rede em que as pessoas se sintam bem, seguras e confortáveis umas com as outras, a fim de propor e fomentar mudanças concretas na Pós-Graduação.

Sabemos que estamos tratando de polêmicas e de temas jogados para debaixo do tapete. Isto só nos motiva ainda mais. Não trazemos generalizações e nem verdades únicas.

Precisamos de universidades que sejam críticas e progressistas não apenas nos conteúdos que trabalham, mas em suas relações cotidianas, nas propostas que fazem e ações que desenvolvem: em prol de mundos mais justos, igualitários e solidários!

O contexto

Covid-19, guerras persistentes, piora da distribuição de renda e riqueza, aumento das desigualdades... o quadro da Terra não é bonito! Os seres humanos nunca tiveram tantos meios tecnológicos, técnicos e econômicos para tornar o mundo um lugar melhor para mais pessoas (e não apenas algumas), mas insistimos em caminhar em outra direção.

A educação pública está progressivamente sob ataque. Ao mesmo tempo, as instituições educacionais ainda são muito, muito, muito conservadoras e precisam, urgentemente, estimular a autocrítica e a autoavaliação para mudar o que é necessário.

A Pós-Graduação em todo o mundo tem contextos diferentes, mas enfrenta diversos problemas persistentes: evasão estudantil, burnout, assédios, violências, cafetinagem acadêmica, relações de autoria problemáticas... A academia definitivamente **NÃO** é um dos espaços mais saudáveis para estudantes, professores e técnicos.

Ao mesmo tempo, poucas pessoas reclamam, se revoltam e propõem mudanças. É apenas por causa do medo? Achamos que não! Há muitas pessoas que são seduzidas e querem prosperar e ter sucesso de acordo com os modelos de sucesso desta "velha e tradicional" academia.

Embora existam pesquisas em alguns países e universidades, questões sensíveis e polêmicas como essas ainda são amplamente silenciadas, ou, principalmente, discutidas por "especialistas". Queremos ouvir as propostas das pessoas para que possamos juntos promover as mudanças necessárias para outra Pós-Graduação.

Histórico

Em 2021, realizamos no Brasil o *I Estratégias Na Pós*[1], um encontro que buscou ouvir as pessoas sobre os desafios vivenciados no mestrado e no doutorado, bem como as estratégias que usaram para enfrentá-los.

O evento contou com mais de 30 apresentações e reuniu pesquisadores de todo o Brasil. Com textos elaborados a partir de algumas das apresentações, organizamos um livro, disponível em acesso aberto, em português[2].

Em 2023 e 2024

Por se tratar de temática de relevância mundial, decidimos propor, em 2023, uma série de eventos internacionais, articulados em rede, com o foco específico em propostas de mudanças para problemas identificados e desejos de mudanças para mestrados e doutorados.

O primeiro evento da série foi realizado em Outubro de 2023 em Portugal; e o segundo acontecerá em

---

1   Mais informações em: https://bit.ly/napos2021
2   Mais informações em: https://www.zenodo.org/record/6827623

Maio de 2024, no Rio de Janeiro, Brasil. Os eventos da série se baseiam em um formato que engloba algumas atividades online e outras presenciais. **Todos os trabalhos são apresentados e discutidos online**, para aproveitar as potencialidades da modalidade remota, nos primeiros dias de cada evento da série. Buscamos ir além da denúncia e discussão ao estimularmos a proposição de mudanças concretas. **As sessões de trabalhos, ao vivo e remotas, são dedicadas aos debates, e não à apresentação**[3].

O que leitores e leitoras encontram neste livro?

Apresentamos aqui contribuições elaboradas por alguns dos participantes do primeiro evento da série, realizado em outubro de 2023, em Portugal.

Este livro é composto por nove capítulos. No capítulo dois, intitulado "Experiência sensível de pesquisa: um antídoto contra as antiexperiências na pós-graduação", Samanta Borges Pereira e Flávia Naves apresentam oito sugestões para tornar a Pós-Graduação mais povoada por experiências sensíveis "como antídoto contra as antiexperiências". As autoras abordam, sem medo, diversos elementos presentes na Pós-Graduação, tais como arrogância, ridicularizações, ofensas e violências. Mostram que essas coisas fazem parte não apenas das relações de orientação, como também de eventos, outros espaços e momentos. E fazem um alerta: é difícil para quem passa por essas situações se manifestar, pois sempre há o risco de sofrer retaliações. Samanta e Flávia apontam, ainda, a necessidade de que esses acontecimentos sejam tornados por nós estranhos dentro da Pós, que eles deixem de ser entendidos como naturais ou necessários. E, para isso, segundo elas, precisamos entender que a desobediência é necessária.

---

3   Os trabalhos submetidos e aprovados serão apresentados em vídeos gravados antecipadamente e disponibilizados para todos os participantes com pelo menos um mês de antecedência de cada evento.

Como é possível trabalhar e fazer um mestrado ou um doutorado tendo que cursar disciplinas que raramente acontecem fora do horário comercial? "Romper barreiras: Programas de Pós-graduação inclusivos para pessoas que trabalham" é o título do terceiro capítulo, de autoria de Juliana Crespo Lopes. A autora faz um alerta sobre a necessidade de que os Programas de Pós-Graduação levem em conta o perfil de estudantes que conciliam trabalho e estudo e os acolham de maneira apropriada. Juliana propõe a oferta de disciplinas no período noturno, para além de ajustes na forma como orientadoras e orientadores conduzem as relações com estudantes e candidatos, necessitando conhecer suas origens e buscar atender suas demandas, como forma de estabelecer relações mais equitativas.

No quarto capítulo do livro, Igor Vinicius Lima Valentim apresenta o texto intitulado "Você topa deixar de ser um mestre de marionetes? Três propostas de mudanças para a Pós-Graduação". O autor aborda três aspectos problemáticos no universo de mestrados e doutorados: cartas de recomendação, mudança de orientador e escolha do tema de pesquisa. Igor propõe que as cartas de recomendação deixem de ser utilizadas em processos ligados à Pós-Graduação, que os temas escolhidos para as pesquisas sejam autorais, construídos pelos alunos, e não mais vinculados apenas ao que orientadores já pesquisam (usando a desculpa da avaliação da CAPES) e que as mudanças de orientador sejam naturalizadas, deixando o aluno de ser posse do professor. Com um texto instigante, de leitura leve, propõe soluções práticas para problemas que persistem no nosso sistema de pós-graduação.

Rosiane Alves Palacios assina o capítulo cinco: "Afetividade e vínculos na pós-graduação: uma autoetnografia a partir de vivências no mestrado e no doutorado". O texto aborda a afetividade como componente essencial da experiência estudantil na Pós-Graduação. A autora aborda a importância da manutenção de vínculos com outros estudantes da própria e de outras universidades como forma de suporte ao longo do curso. Rosiane é cirúrgica ao apontar a existência de um gargalo: muitos afirmam que a afetividade é importante ao longo de toda a vida, mas em mestrados e doutorados ela é vista, muitas vezes e por diversas pessoas, como algo dispensável.

O sexto capítulo mantém propositalmente a linguagem do "português de Portugal", usada pelo seu autor, José Maria Carvalho Ferreira. "Das contradições e perversões que são ministradas nas universidades" propõe a autonomia comportamental e a horizontalidade como elementos necessários à Pós-Graduação. E, neste sentido, Zé Maria aponta que a espontaneidade e a informalidade são componentes indispensáveis para que se construa a autonomia e para que possamos exercitar a liberdade criativa. Para o autor, os maiores problemas das pós-graduações estão relacionados à sua incapacidade de tratar as causas da exploração, da escravidão e do genocídio entre a espécie humana e também entre espécies animais e vegetais. Neste sentido, Zé pergunta: "De que serve a produtividade? Qual a utilidade das pesquisas e formações na Pós-Graduação quando há uma omissão e mentira descarada das causas e efeitos da miséria e da pobreza, da escravidão e exploração da espécie humana e as relações de genocídio e de exploração desta relativamente às outras espécies animais e espécies vegetais?".

No capítulo sete, de Cláucia Piccoli Faganello, os leitores e as leitoras encontram uma proposta que ressalta a importância da construção de redes de apoio para um melhor percurso ao longo da Pós-Graduação. Partindo de sua própria trajetória, usando o método autoetnográfico, o texto intitulado "Não caminhamos sós: uma autoetnografia sobre a importância das redes de apoio na pós-graduação" compartilha experiências e reflete a respeito da necessidade de uma maior consciência, por parte dos estudantes de mestrado e doutorado, sobre os desafios enfrentados durante a Pós–Graduação.

No oitavo texto do livro, "Panorama da participação feminina na Pós-Graduação em Urbanismo da Faculdade de Arquitetura e Urbanismo da Universidade Federal do Rio de Janeiro", Nátali Roberta de Sousa Nuss avalia a participação feminina no citado PPG. Ela mostra a trajetória de uma absurda desigualdade de gênero no passado, até uma situação atual melhor e mais equilibrada. Sem deixar de lado proposições de mudanças, Nátali alerta para a necessidade de se discutir as duplas e triplas jornadas das mulheres que seguem o caminho da Pós-Graduação.

Decidimos fazer esta obra apenas com contribuições do primeiro evento porque desejamos que este seja um livro ferramenta e sirva de meio para fomentar ainda mais discussões, propostas e ações durante o segundo evento da série, em maio de 2024. Por isso, para além dos textos acima mencionados, elaboramos um último capítulo, o nono, no qual os leitores encontram um exercício de imaginação propositiva feito por nós: uma série de mosaicos/diagramas, sintetizando de maneira mais visual as propostas concretas de mudanças dos autores e das autoras que captamos a partir de leituras e releituras de seus trabalhos.

2

EXPERIÊNCIA SENSÍVEL DE PESQUISA
um antídoto contra as antiexperiências na Pós-Graduação

Samanta Borges Pereira
Flávia Naves

Introdução

Este estudo se situa no contexto das investigações para o exame da própria pesquisa e o processo de produção de conhecimento, propondo pensá-los a partir da concepção de experiência sensível de pesquisa. Partimos da crítica à ciência moderna para pensar a construção do conhecimento, trazendo a noção de experiência/sentido, com a pretensão de recuperar o sentido de quem somos e dar sentido ao que nos acontece (Bondía, 2002) enquanto pesquisadoras e pesquisadores no processo de pesquisar.

O trabalho acadêmico mobiliza todas as forças do sujeito que o realiza, pois é "desestabilizador de certezas intelectuais, comportamentais e emocionais" (Freitas, 2007, p. 16). O processo de pesquisa é uma experiência vivida, "é quase uma vida dentro da vida" (2007, p. 14), que nos acompanha, seja onde estivermos: no trabalho de pesquisa, em momentos de lazer, nas atividades cotidianas. E embora seja melhor desenvolver uma tese sobre um tema prazeroso, o tema é secundário em relação à experiência que se tira desse caminho (Eco, 1997).

Uma experiência sempre acontece na relação com o outro, mas uma relação com o outro, que acontece em nós, interpelando-nos, ferindo-nos, cativando-nos, transpassando-nos e nos transformando. A experiência, portanto, é um movimento de ida e volta, do outro, que passa em nós e nos transforma (Bondía, 2002).

Freitas (2007) nos lembra que não existe tese (ou dissertação) feita apenas pela sua autora ou autor, porque, para que ela aconteça, é preciso estabelecer alianças objetivas e afetivas. A pesquisa da perspectiva da experiência sensível possibilita construir conhecimento a partir do outro que acontece em nós (Bondía, 2002), revelando o conhecimento dessa interação e inter-relação, explicitando saberes que a racionalidade instrumental não é capaz de perceber, ajudando a construir uma ciência mais humanizada e humanizadora.

Nesse sentido, o objetivo deste trabalho é narrar as antiexperiências e as experiências sensíveis de pesquisa de pesquisadores do campo das ciências sociais aplicadas.

Discutimos o conceito de antiexperiências de Bondía (2002), para compreendermos como determinadas relações na pós-graduação anulam as possibilidades de experiência, e contrapomos com as experiências sensíveis de pesquisa, apresentando narrativas que, ainda que atravessadas por angústias, contribuem com o amadurecimento do pesquisador e da pós-graduação.

Este artigo é fruto de uma pesquisa mais ampla, resultado de tese de doutorado sobre experiências sensíveis de pesquisa (Pereira, 2022). Para este trabalho, selecionamos trechos de narrativas de oito pesquisadores das ciências sociais aplicadas, entrevistados entre junho e setembro de 2021. Para garantir o anonimato, substituímos seus nomes pelos personagens do livro Torto Arado (Vieira-Junior, 2018)1. As narrativas foram organizadas em duas categorias: (i) Antiexperiências de pesquisa na pós-graduação; (ii) Experiências sensíveis de pesquisa: um antídoto contra as antiexperiências.

Os relatos evidenciaram a hostilidade vivenciada durante a pós-graduação, às vezes disfarçada de ironia. Para alguns, a pós-graduação foi um momento de sofrimento e solidão, mas algumas narrativas evidenciaram relações de apoio, de construção de autonomia, de amparo afetivo, tanto por orientadores e orientadoras, quanto nos grupos de pesquisa, ou no cotidiano da vida, revelando a importância de relações de amizade e companheirismo.

Ao nos voltarmos para aspectos que parecem estar nos bastidores da pesquisa, resgatamos a importância de construir relações de cuidado, mais generosas e solidárias e reconhecer que as subjetividades produzem conhecimento. Precisamos romper com as formas estreitas de pesquisar, o que implica em dar mais vida ao processo de pesquisa, um processo mais prazeroso, mais pulsante, mais condizente com a nossa condição humana.

---

1   A escolha do livro não foi por acaso, mas representa o registro do único livro que li entre 2020/2021 (para além das leituras para a tese) e que me transpassou. Ele foi companhia e refúgio em momentos de tristeza e cansaço e me trouxe alegrias, tristezas, choros, risos e um profundo agradecimento por poder conhecer aquela história. Essa experiência de leitura me tocou, visceralmente, e quis deixar essa lembrança registrada na tese e neste artigo.

A experiência de pesquisa na pós-graduação: um processo de relações humanas

O processo longo, fatigante e absorvente que é a produção de uma tese pode ser o início de uma investigação maior que poderá continuar nos anos seguintes. Para Eco (1997), os elementos positivos e negativos dessa experiência refletirão na nossa trajetória e, sem eles e as marcas que nos deixam, não aprenderíamos a viver outras e novas experiências de pesquisa, com novos aprendizados e conhecimentos. O autor aponta que é possível aproveitar a oportunidade de produção de uma tese (ou dissertação) para recuperar o sentido progressivo do estudo, como uma elaboração crítica dessa experiência, que possibilita aprendizados importantes para a vida.

A pesquisa pode ser apreendida como uma experiência sensível, ou seja, um processo de pesquisa vivido pelo pesquisador que se deixa atravessar, que se permite sentir, a partir das relações construídas e estabelecidas em um contexto estudado, relações essas que o transformam e que também são transformadas por ele (Pereira; Mafra, 2023).

A ciência é um processo humano, feito por humanos e com humanos (Fourez, 1995) e nesse processo, o diálogo é inerente. Conversar, discutir, perguntar, responder é uma prática que ilumina a experiência e faz parte do método de pesquisa. O diálogo pode acontecer nos grupos de pesquisa, em sala de aula, com colegas, em espaços informais, nos intervalos, no cotidiano da vida e podem contribuir com a validade e reflexividade sobre a pesquisa.

Uma das relações mais intensas que se vive durante a elaboração de uma dissertação ou tese é a relação de orientação. Essa relação é atravessada por afetos, conflitos, acordos, discussões, que nos marcam profundamente. A orientação é "a mais complexa e delicada relação a ser administrada num PPG[2] senso estrito" (Ferreira; Furtado; Silveira, 2009, p. 170) e envolve apoio na elaboração do projeto de pesquisa e orientações sobre a coerência do trabalho, atentando para as correções necessárias durante todo o processo (Marques, 2012; Galvão, 2007). Também tem caráter institucional, pois é uma relação obrigatória de supervisão, na qual se reconhece orientando/ orientanda como pesquisadores iminentes, caminhando para a autonomia científica, mas que ainda dependem de orientação para se firmar como tal (Galvão, 2007; Leite-Filho; Martins, 2006; Grant, 2003).

Mas a relação de orientação é muito mais ampla do que as orientações sobre o projeto de pesquisa. Trata-se de um processo complexo, de caráter instável e intenso, permeado por momentos de prazer e riscos, que demanda negociação e ajuste de interesses, dedicação e tempo de ambas as partes e que não pode ser definido dentro de padrões e modelos pré-concebidos (Galvão, 2007; Leite-Filho; Martins, 2006; Grant, 2003).

Grant (2003) revela camadas dessa relação, ancorada nas posições institucionais, mas transpassadas por relações imprevisíveis, que se misturam e interferem umas nas outras. Nessa interação, responde-se um ao outro mais do que em uma relação de supervisão, mas como seres encarnados com gênero, idade, raça, posições sociais diferentes e, muitas vezes, divergentes. Dessa relação emergem gratidão, ressentimento, frustração, decepção, desejo de agradar, desejo de reconhecimento e respeito, muitas vezes, inconscientes, confusos e mutáveis (Grant, 2003).

Os interferentes nessa relação perpassam pelas condições de inaptidão do discente, despreparo do docente, excesso de orientações, sobrecarga de trabalho, expectativas irrealistas de ambas as partes, barreiras culturais e sociais, ambiente de competitividade (Ferreira; Furtado; Silveira, 2009; Galvão, 2007; Leite-Filho; Martins, 2006; Eco, 1997). Orientadores tendem a valorizar mais as habilidades técnicas e práticas de pesquisa, enquanto orientandos demandam relações mais afetivas e pessoais da parte da

---

2 Programa de Pós-Graduação

orientação (Leite-Filho; Martins, 2006).

O descompasso entre as expectativas e demandas e as (im)possibilidades de oferecer apoio adequado têm levado à formação de um clima de autocracia, que provoca inseguranças, angústias e solidão (Leite-Filho; Martins, 2006) e que não contribuem para o exercício reflexivo da produção de conhecimento.

Para Galvão (2007), há uma idealização sobre a orientação, pautada em princípios de constituição de um processo uno e contínuo, no qual orientandos possuem uma definição madura sobre sua área de interesse e tema de pesquisa. Esses princípios são extraídos de programas de pós-graduação de países ditos avançados, dos quais adotamos a forma, mas não questionamos as bases que lhe dão suporte. Junte-se a isso o espírito autoritário sob o qual se institucionalizou a pós-graduação no Brasil, estruturado com a Lei da Reforma Universitária de 1968 (Galvão, 2007) e que constituíram um modelo que não se alinha à realidade brasileira.

As tensões entre disciplina e liberdade, dependência e independência, relutância em falar de poder, a rigidez estrutural do sistema (Galvão, 2007; Grant, 2003) devem ser assumidas e colocadas em discussão, para que rupturas e novos caminhos sejam desenhados. A construção do conhecimento não se faz de maneira isolada e a experiência de uma relação de orientação estabelecida na disposição e compreensão mútuas (Ferreira; Furtado; Silveira, 2009; Galvão, 2007) pode ser profundamente transformadora para docente, discente e para o conhecimento.

Orientandas e orientandos se transformarão em pesquisadoras e pesquisadores independentes, amadurecidos pessoal, profissional e academicamente, com senso crítico e autoconfiança (Ferreira; Furtado; Silveira, 2009; Grant, 2003) e orientadores e orientadoras se tornarão profissionais motivados, com maior satisfação pessoal e mais atualizados na sua área de conhecimento (Ferreira; Furtado; Silveira, 2009; Eco, 1997). Dessas múltiplas interações, ocorrem também múltiplas transformações no conhecimento e nas formas de conhecimento.

Mas o processo de orientação suplanta a

orientação formal-obrigatória inerente à pós-graduação. Espaços de reflexão ajudam a entender o que se espera de uma produção científica qualificada, abrem espaço para sugestões, podendo ser ambientes de orientação coletiva (Leite-Filho; Martins, 2006). Um olhar crítico sobre a pesquisa, detectando inconsistências, permite corrigir falhas e preencher lacunas antes que apresentemos nosso trabalho publicamente (Martín, 2018). Grupos de pesquisa têm papel fundamental na formação de consciência crítica, que permite pensar outras possibilidades de pesquisa, em contextos mais solidários e com a participação de outros atores, movimentos e comunidades (Castro-Silva, 2018).

Produzir uma dissertação ou tese é muito mais que produzir seu texto e as relações estabelecidas não devem se restringir ao apoio no processo formal da pesquisa. A relação com colegas que estão passando por situações semelhantes – dificuldades, angústias e conflitos inerentes à produção da pesquisa – podem ajudar a nos compreendermos melhor nesse processo. Iniciantes no mundo da pesquisa têm vivenciado uma formação solitária (Barros, 2016), sendo, constantemente, pressionados pelo produtivismo do mercado acadêmico (Louzada; Silva-Filho, 2006), reduzindo sua experiência de pesquisa a um processo produtivo. Casos de ansiedade, desânimo, irritabilidade, tristeza e isolamento entre estudantes de pós-graduação não são raros, mas sistêmicos (ANPG, 2018).

A produção de resultados científicos demanda diálogo, constituição de equipes, alianças, evidenciando a humanidade presente na pesquisa. Redes de apoio, sejam elas informais, com possibilidades de aconselhamentos com pessoas de confiança (Dickson-Swift *et al.*, 2007), ou formais, como as reuniões dos grupos de pesquisa para dialogar e sentir o tema estudado (Ramírez-Pereira, 2017) e para compartilhar a experiência da vida acadêmica (não restritos à pesquisa em si), são fundamentais. Tais processos são parte da constituição e atuação de pesquisa e, portanto, são parte da pesquisa.

A construção de espaços de conhecimento que considerem a experiência sensível como elemento desses encontros tende a se pautar em princípios para uma formação menos arrogante, mais generosa e mais humana com as dores do mundo. Pesquisadoras e pesquisadores têm sido privados de experimentar sua própria experiência e de admirar suas descobertas mais íntimas. Na realização da pesquisa, inúmeros acontecimentos provocam alegria, dor, sofrimento, prazer, angústia, insegurança, condições que são inerentes a um processo de tamanha intensidade e complexidade.

Das dificuldades que se nos apresentam no fazer mesmo da pesquisa e nas múltiplas relações que construímos nessa caminhada, podemos aprender para além do que já sabemos. Algumas experiências, construídas com o intuito de recuperar o sensível das relações na produção de conhecimento serão apresentadas na sequência.

Antiexperiências de pesquisa na pós-graduação

Queremos diferenciar a experiência sensível de pesquisa, perpassada por experiências angustiantes e prazerosas, daqueles acontecimentos que são obstáculos e empobrecem a experiência. As antiexperiências impedem as experiências e, portanto, impedem a nossa existência (Bondía, 2002). Um elemento marcante nas diferentes narrativas foi a hostilidade em diferentes momentos – eventos acadêmicos, sala de aula e na relação de orientação – e que destroem a capacidade de experiência, conforme excertos seguintes:

> Eu nunca me senti na área, eu nunca me senti legítimo [na área] e isso me faz mal. Inconscientemente, eu nunca me senti bem-vindo no [evento]. Então, pra mim, também foi violento. Quando eu ia no [evento], eu me esforçava, demonstrava certa intimidade em falar do [autor], mas aí vinha uma pessoa "mas eu sei isso aí faz tempo". Mas em nenhum momento, objetivamente, dizer "tá errado". Mas eu percebia no *feedback* sutil, que talvez eu não tivesse a profundidade, porque eu não tinha tempo de leitura, era pouco tempo de leitura de um [autor]. Talvez fosse coisa muito mais minha, nunca teve nada objetivo (Zeca).

A hostilidade discreta, não explícita, que desqualifica o conhecimento e o trabalho, é um acontecimento que tem efeito nocivo sobre o pesquisador. É uma forma de violência, como destaca o entrevistado, que faz com que ele não se sinta pertencente, capaz, com profundidade sobre sua pesquisa. E ainda mais: a ausência de um retorno objetivo sobre seu trabalho, faz com que ele pense que "talvez fosse coisa muito mais minha" (Zeca), levando-o a duvidar de sua capacidade de interpretar mensagens, relações sociais e seus próprios sentimentos.

Essa posição arrogante (Bondía, 2002), narrada por Zeca, não contribui para a troca, para o aprendizado, para a transformação e, portanto, impede a experiência sensível de pesquisa. A arrogância parece ser um imperativo, que se estende para os espaços de sala de aula, conforme excertos seguintes:

> Passei por uma disciplina bem tensa, com uma professora que se apegava nos mínimos detalhes das palavras que usávamos e até nos mandava calar a boca se a argumentação não estivesse agradando. Aí ela usava um gesto simbolizando para fechar a boca, acompanhado de um "xiu" (Servó).

> Esse professor, volta e meia, na disciplina, ele ridicularizava. Não é que ele ridicularizava, mas nas entrelinhas, a gente percebia uma crítica meio que debochada em relação a outro olhar epistemológico. E eu acho que um professor não deveria ter essa postura em sala de aula, porque isso fere, isso intimida, isso provoca bloqueios cognitivos. Pelo menos em mim provocou. Que eu já tinha, na verdade, e só agravou (Tobias).

A agressividade da professora que "mandava calar a boca", levava Servó a essa condição "bem tensa". Essa (não) relação, que provoca tensão, exige que o pesquisador seja um sujeito impávido, alguém que não erra na sua argumentação, um sujeito incapaz da experiência. Servó fala sobre a hostilidade da professora, que silenciava os estudantes "se a argumentação não estivesse agradando". Não se trata, portanto, de uma relação, mas de uma imposição. Bondía (2002) aponta que, quem se impõe é incapaz da experiência. Nas palavras do autor,

> Do ponto de vista da experiência, o importante

não é a posição (nossa maneira de pormos), nem a "o-posição" (nossa maneira de opormos), nem a "im-posição" (nossa maneira de impormos), nem a "pro-posição" (nossa maneira de propormos), mas a "ex-posição", nossa maneira de "ex-pormos", com tudo o que isso tem de vulnerabilidade e de risco. Por isso é incapaz de experiência aquele que se põe, ou se opõe, ou se impõe, ou se propõe, mas não se "ex-põe" (Bondía, 2002, p. 25).

A ausência de relação, resultado da imposição e da impossibilidade da exposição de dúvidas, de argumentações, ainda em elaboração, impediu a experiência sensível para Servó, porque criou obstáculos para o aprendizado e transformação. Tobias conta situação semelhante, de uma hostilidade "nas entrelinhas", sutil, quando ele relata que o professor tinha uma postura "debochada", com relação a outras posições epistemológicas. Novamente, uma imposição, ainda que tênue, sobre um olhar que "intimida", que gera receio de se expor e, portanto, empobrece a experiência de pesquisa.

Essa posição irônica é bastante violenta, ainda que seja "sutil" (Zeca), "nas entrelinhas" (Tobias). Severo menciona essa ironia, presente na sua relação de orientação, conforme excerto que segue:

> Algumas palavras que eram usadas no processo [de orientação], na verdade, eram bem violentas, que eu não concordo, ainda mais sendo de uma linha crítica, que dizem que respeitam a diversidade e aí chega em reuniões, começam algumas palavras violentas, agressivas, que eu não concordo. Eu entendo o perfil dele, eu entendo que algumas vezes pode soar como brincadeira, mas eu não concordo (Severo).

A relação de orientação é uma das mais intensas na pós-graduação. Uma relação pautada por "palavras violentas, agressivas", impede que o sujeito encontre um lugar para a experiência (Bondía, 2002), impede o estabelecimento de vínculos. Revela, ainda, as relações de poder e o desequilíbrio de forças, já que Severo não concorda, mas é difícil se manifestar contra essas posições, correndo o risco de sofrer retaliações. Mostra a contradição do campo, "de uma linha crítica, que dizem que respeitam a diversidade", e, não somente dizem, debatem, escrevem, publicam sobre isso, mas reproduzem as violências que eles mesmos criticam.

Severo diz que a violência "pode soar como brincadeira", o que torna mais difícil contrapor essas posições, pois não são explícitas, estão disfarçadas na ironia, no deboche, mas que não deixam de violentar, de negar as subjetividades, como se as brincadeiras não inibissem, constrangessem, impedissem de aprender, de se sentirem apoiados e não ridicularizados.

Carmelita relata seu processo de orientação, de violência e abandono[3], que dificultou a sua experiência e levou à perda de sentido, conforme excerto seguinte:

> A partir do momento que o orientador não lê o que você manda, ele só te dá porrada, ele não tem domínio do conteúdo e ele não convoca ninguém para ser um coorientador, isso te deixa com uma instabilidade muito grande e foi o que aconteceu comigo. Eu acho que eu não fui dragada, pelo fato de conhecê-lo há muito tempo e de colocar uns certos limites e me impor como profissional. Se fosse uma pessoa imatura, com certeza eu tinha enfartado e morrido, literalmente. Eu fui cobrada de ter que ir para o consórcio doutoral e eu fui massacrada, ao ponto do meu orientador olhar pra mim e dizer "você não sabe de nada, você não é nada, eu não vou perder mais meu tempo com você". Eu acredito que o despreparo da orientação no aspecto empatia, ele pesa muito mais que o próprio conteúdo. Qual é o exemplo que eu vou ter de orientador? Uma pessoa carrasca, que maltrata, que humilha. Por que? Qual o objetivo disso? Pra você ter uma ideia do meu nível de estresse, quando acabou a minha defesa, que deram o veredito final, eu agradeci a banca, mas eu não comemorei. O desgaste foi tão grande que perdeu o sentido, não tem mais sentido pra mim. Perdeu a essência, perdeu a doçura (Carmelita).

---

3   Alguns relatos apresentados poderiam ser configurados como conduta de assédio moral. Esta pesquisa não trabalhou campos teóricos relacionados ao assédio moral, mas a perspectiva da experiência/antiexperiência. Os termos "assédio" e "assédio moral" também não foram mencionados pelos entrevistados. Mas a análise do assédio moral sobre as práticas e experiências na pós-graduação é cada vez mais urgente, podendo levar à denúncias e devidas responsabilizações no âmbito da lei.

A relação perversa e arbitrária vivenciada por Carmelita, provocou nela "instabilidade", mas diferente da instabilidade resultado da incerteza, que é própria desse processo, ela viveu a instabilidade do abandono, da ausência de relação, da impossibilidade da experiência. Uma relação na qual "só dá porrada", é "massacrada", "carrasca", "que maltrata", "que humilha" é uma relação que nega as existências presentes nessa relação, portanto, nega a experiência.

A ausência de empatia é essa aversão ao outro, a negação do outro, confirmada quando o orientador diz que ela "não era nada", "não sabe de nada". A violência vivida por Carmelita sugou sua energia vital e ela só não foi "dragada" por impor limites. O "estresse" decorrente dessa violência, ou seja, a exaustão física e emocional, resultado dessa humilhação, tornou o processo de Carmelita sem sentido.

Haroche (2008) aponta que o espaço do corpo é o lugar dos sentimentos mais profundos, que abriga e protege o sentimento de existência, o sentimento de si mesmo. Mas ele também pode ser um espaço de vulnerabilidade e impotência, um lugar onde a humilhação pode se exercer de maneira constante e inelutável.

O aviltamento e humilhação vividos por Carmelita exerceram sobre ela a força da opressão, que enfraquece, levando à perda de sentido. Carmelita enfrentou a humilhação e o abandono para poder concluir esse ciclo, mas, porque se exauriu, não conseguiu celebrar sua conquista, não conseguiu comemorar o encerramento desse processo, porque "perdeu o sentido", "perdeu a essência", "perdeu a doçura". A experiência, sem sentido, é um mero acontecimento.

A antiexperiência impede ou cria obstáculos para a experiência. Ela é parte da compreensão da experiência, ainda que seja uma não-experiência. Para compreendermos o processo de pesquisa como experiência sensível, é preciso compreender o não-sensível, esse acontecimento que nega nossa subjetividade e humanidade, objetifica-nos e nos deforma.

A academia encarnou uma visão colonizadora

do mundo, produzindo espaços e relações violentas e insalubres. A não aceitação da sensibilidade na pesquisa se reflete na ausência de delicadeza nas trocas, provocando violências cotidianas. Revelar as antiexperiências pode ser um dos caminhos para desnaturalizarmos a violência, o isolamento, o abandono, o adoecimento e a desqualificação, que acontecem ao longo da pós-graduação. Desnaturalizar significa tornar esses acontecimentos estranhos ao ambiente da pós-graduação, antinaturais ao espaço de produção de conhecimento, condição essencial para que práticas como essas não se repitam e possam ser enfrentadas e modificadas.

Experiências sensíveis de pesquisa: um antídoto contra as antiexperiências

A pós-graduação foi um processo solitário para quase todos os pesquisadores e pesquisadoras entrevistados. Não nos referimos aos momentos de solidão, que fazem parte do processo, mas momentos em que se sentiram perdidos, inseguros, vulneráveis, abandonados, sem rumo. Essa categoria nos mostra que, apesar de solitária, a pós-graduação também é um acontecimento solidário, pois há sempre alguém para nos estender a mão.

Antes de apresentar as experiências sensíveis, trazemos dois relatos sobre a solidão que perpetua na pós-graduação:

> Aí fala muito "mas é assim mesmo, o processo de doutoramento é solitário". E eu fico me perguntando, tem que ser solitário? Onde é que tá escrito isso? Qual é o dogma que impõe que o processo de doutoramento tem que ser solitário? Muitas pessoas passam por esse caminho de forma solitária e elas acham que aquela vivência é uma verdade. No raciocínio delas eu acho que funciona assim "mas eu passei por isso, ela vai passar também, ele vai passar também". E a gente se depara num contexto acadêmico de muita soberba, que impede que a gente quebre

essa verdade posta. O doutorado não precisa ser solitário, a soberba não precisa ser uma marca da pós-graduação e, talvez, se a academia pensasse um pouco mais sobre isso, a gente tivesse um ambiente mais humano (Tobias).

Nós temos dores antes do doutorado, que ganham uma amplitude muito maior, elas se potencializam e quando você tem uma rede de apoio, isso é amenizado, isso é amortecido (Carmelita).

Com o intuito de apresentar experiências sensíveis de pesquisa, que puderam contar com apoios que amenizam as nossas dores, conforme disse Carmelita, e que fazem da academia "um ambiente mais humano", conforme mencionou Tobias, essa seção evidencia as relações de apoio que marcaram essa passagem. A pós-graduação é um processo de aprendizagem, e só aprendemos o que ainda não sabemos (Haroche, 2008), o que acontece nas interações sociais, nas redes de apoio, formais ou informais, nos diálogos e aconselhamentos sobre as pesquisas ou outras questões que transpassam a vida de quem pesquisa (Dickson-Swift *et al.*, 2007; Ramírez-Pereira, 2017).

Na pós-graduação, nos relacionamos com muitas pessoas: orientação, colegas, docentes, familiares, etc. Algumas dessas pessoas apenas passam em nossas vidas e não compõem a experiência. Mas alguns encontros e relações durante a pós-graduação nos marcam profundamente e nos transformam em nossa travessia.

A relação de orientação é marcante e singular em cada experiência. Embora a orientação possa ser sinônimo de antiexperiência, como já discutimos, essa relação também pode ser vivida como experiência sensível. Os excertos que seguem relatam essa relação de apoio, de aprendizado e de transformação:

> Ela não foi uma orientadora controladora. [Ela] me deu essa oportunidade de errar, me deu estímulo pra eu tentar, né? Então, mesmo com as deficiências que eu tinha ou o que eu não entendia, eu pude fazer [do meu jeito] por causa disso. A orientadora me ajudou. Ela foi me dando espaço pra eu encontrar os meus espaços dentro do espaço que era o dela (Sutério).

Sutério menciona que sua orientadora não foi "controladora", o que revela um elemento importante da relação de orientação. A relação controladora é uma relação de dominação, de fiscalização dentro de um padrão preestabelecido e que, em um processo de orientação, pode conter processos criativos e autônomos.

Sua orientadora lhe deu a "oportunidade de errar" e de "tentar". Bondía (2002, p. 25) aponta que a experiência também é "uma relação com algo que se experimenta, que se prova", mas que é diferente da prova que valida uma verdade. Provar, experimentar, significa tentar, que tem sempre um elemento de risco, de imprevisto. Podemos tentar e acertar, ou tentar e errar. O erro não encerra a experiência, mas abre a oportunidade para novas experimentações. O sujeito da experiência prova, se põe à prova, para encontrar o seu caminho.

Para Sutério, esse apoio, que lhe deu a oportunidade de tentar e errar, foi fundamental para encontrar o seu "espaço dentro do espaço que era dela", ou seja, para que ele encontrasse o seu caminho, errando, aprendendo, construindo e ganhando autonomia. Errar não é um caminhar sem destino, mas um caminho surpreendente, imprevisível, indeterminado previamente, que só existe no próprio caminhar.

Tobias viveu um processo muito solitário, mas ainda assim, contou com o apoio do orientador que "guiou", "orientando", "mostrando", "exemplificando", com constante "acompanhamento", conforme excerto seguinte:

> O orientador que assumiu o [meu processo de orientação] ele é uma pessoa fantástica, ele me guiou pelo braço mesmo, ele foi muito parceiro em todo o processo. Ele foi me orientando, me mostrando, exemplificando, porque ele sabia das minhas limitações. Então, não é um beabá. É você prestar atenção nas peculiaridades de cada orientando e perceber "com esse aqui eu preciso de um tratamento mais pormenorizado. Isso não quer dizer que vai ser um trabalho menos relevante que outro, mas ele tem essa necessidade e eu vou agir dessa forma". E foi o que ele fez e eu agradeço muito por todo o acompanhamento (Tobias).

EXPERIÊNCIA SENSÍVEL DE PESQUISA 39

Tobias apresenta elementos fundamentais para entender a importância dessa relação e desse apoio. A despeito dos problemas estruturais e da sobrecarga de orientadores e orientadoras que se veem imersos em burocracias, que em nada se relacionam com o processo de formação, seja em ensino, pesquisa ou extensão, é importante pensarmos as relações do ponto de vista da experiência, como relações que não são impessoais, objetivas e instrumentais.

Quando Tobias menciona que o orientador o "guiou pelo braço", denota o reconhecimento dos limites da maturidade como pesquisador em formação, naquele momento. O orientador não puxa pelo braço para trazê-lo para o seu caminho, mas oferece o seu braço como guia para que ele desenhe o seu caminho, orientando quando as dificuldades e os obstáculos aparecem.

Cada pesquisador/pesquisadora é singular e não existe um modelo predeterminado, que garanta o melhor apoio e o melhor desempenho, porque cada sujeito tem suas "peculiaridades" e o processo "não é um beabá", conforme Tobias mencionou. Se a experiência está ligada à nossa existência (Bondía, 2002) e as existências são diferentes, as relações da experiência serão sempre diversas e se constroem no próprio viver das relações, percebendo as diferenças, por isso, não são padronizadas nem preestabelecidas.

Na relação de orientação, quando reconhecemos quem faz pesquisa como um sujeito corporificado, historicizado, com suas particularidades, relacionamo-nos com ele como um ser humano e não como um meio para se alcançar um resultado. Esse reconhecimento ameniza o desequilíbrio de forças nessa relação e permite percebê-lo como um ser inacabado, sempre em formação e em transformação.

Além da relação de orientação, ou com outros professores e professoras, as interações construídas nos grupos de pesquisa, podem ser muito acolhedoras, conforme excerto seguintes:

[Eu] participava de um grupo de pesquisa que foi a possibilidade de não me sentir sozinha

[...] [porque] a gente interagia o tempo inteiro. A gente tomava café num shopping próximo e cada um falava das suas dificuldades. E, muitas vezes, eram temas, assim, bem diferentes. Mas eu percebi que eu falando, eu mesma me ajudava (risos). [Você] acredita que eu passei inclusive a gravar essas conversas! Porque foi quando eu percebi que eu tinha os melhores insights, quando eu falava com os colegas. Eles não eram da minha temática, mas estavam vivendo o processo de doutorado, então interagir com eles era fundamental. Mas, com o tempo, eu percebi que, na verdade, eu estava interagindo comigo mesma, só que em outros espaços. Eu não estava mais sozinha, eu estava verbalizando, né (Salu).

O sensível se revela nas relações construídas, nas interações, na possibilidade de não se sentir sozinha. Ainda que ocorresse uma conversa dela com ela mesma, existe a presença do outro, uma interação com os colegas, uma intersubjetividade. A possibilidade de verbalizar é uma oportunidade de não se perder na solidão dos próprios pensamentos, mas se expor, abrir-se, escutar a voz do outro, deixar que o outro lhe passe, interiorizar, perceber os sentidos e os sem-sentidos, criar as conexões e construir os significados. A palavra verbalizada que sai de Salu, não retorna para ela como a mesma palavra, mas é transformada, transformando suas ideias, suas representações, seus saberes, seus sentimentos, suas intenções (Bondía, 2002).

As relações construídas no grupo de pesquisa que Salu participou, em que cada um "falava das suas dificuldades", foram relações construídas, provavelmente, pelo vínculo e na troca, nas quais ideias, representações, saberes, pensamentos são compartilhados, para que cada um construa suas próprias ideias, representações, conexões de sentidos e significados e trajetória. As dificuldades da pesquisa são circunstâncias muito angustiantes e expor essas contrariedades ajuda a pensar sobre elas. A experiência requer essa disponibilidade e receptividade para ouvir e falar sobre o que nos acontece (Bondía, 2002).

As relações com os colegas – da área e de outras áreas – ajudam a pensar e a construir as nossas pesquisas. Essas experiências são importantes para podermos viver outras experiências, além da pesquisa, para não perdermos as outras conexões com a vida. Além disso, as relações que construímos na pós-graduação vão ajudar na construção de como somos "na vida como um todo". Ou seja, elas nos ensinam para além da sala de aula e do universo da pesquisa e da academia.

As amizades não são importantes apenas para pensarmos e construirmos nossas pesquisas. Alguns relacionamentos que tecemos durante a pós-graduação superam as relações acadêmicas e nos apoiam na própria experiência de compartilhar a vida e de viver essas relações de afinidade, de vínculo, de amizade.

A entrega ao processo de pesquisa é tão intensa que acabamos por sacrificar as outras dimensões da vida para além daquelas relações. Nesse sentido, uma amizade ou deixar um pouco de lado a vida acadêmica pode parecer banal, mas é profundamente significativo quando estamos vivendo um momento solitário, que nos toma por inteiro. Em tempos de relações tão fluidas e de individualismo exacerbado, uma relação de amizade que se revela um porto-seguro nos mostra possibilidades de construirmos relações baseadas no afeto e que se constroem na vivência, no compartilhar a vida.

Bibiana menciona um acolhimento inicial no âmbito da hospedagem, que se estendeu para o compartilhar outros momentos da vida, conforme excerto seguinte:

> [Uma amiga] que me acolheu quando eu tive lá e me acolheu, assim, do nada. A gente se viu uma vez, nessa vez ela já me ofereceu pra ficar na casa dela, ela nem era da minha turma, ela era da turma anterior à minha. Depois ela foi embora, [outra amiga] passou a me acolher, me hospedar. E aí era isso, desses momentos também, de descanso. [...]. Porque a minha relação era [na minha cidade], com minha família e meu filho. Então era muito essa coisa da maternagem. Então, ir pra [lá], apesar de sair de casa, largar sua cama, fazer uma viagem, pegar estrada, aí mistura tudo, seu intestino não funciona, tudo, comida, tudo. Mas apesar disso, era também uma possibilidade de voltar a viver essas relações de amizade, de rir, de contar piada, de beber uma cerveja. Então, de poder fazer isso (Bibiana).

Na experiência de Bibiana, a acolhida se transformou em amizade e essa amizade foi a possibilidade de viver outras relações, que não apenas a "maternagem" ou as relações familiares. Apesar de alguns complicadores, ao ter que dormir fora de casa, aqueles eram também "momentos de descanso", "de rir", "de contar piada", de "beber uma cerveja" e de se redescobrir, para além das relações que a definiam.

A lógica racional instrumental reduz a diversão e o descanso a meros acontecimentos e as relações, ao seu utilitarismo – alguém que oferece a casa para que se possa dormir. A racionalidade relacional e sensível, a racionalidade da experiência permite criarmos conexões significativas entre os acontecimentos e a nossa vida. O relato de Bibiana reforça a ideia de viver para além da tese, de se perceber para além das relações que a predefiniam e para além da redução do pesquisador e pesquisadora personificados, mas uma pessoa que ri, se diverte, descansa e que constrói vínculos com as pessoas.

Haroche (2008) aponta que são os sentidos, na relação com o outro, consigo mesmo e com o conhecimento, que tornam possíveis a própria elaboração e construção dos sentidos. Esse sujeito vulnerável e exposto – pesquisadores e pesquisadoras na pós-graduação – estabelece relações de menor ou maior intensidade, durante a experiência na pós-graduação. Alguns conseguem desenvolver uma relação de orientação, que ajuda no amadurecimento sobre a pesquisa. Outros têm a oportunidade de se relacionar com uma orientação que ensina muito mais do que fazer pesquisa, mas ensina generosidade, empatia.

Quando buscamos apoio, reconhecemos as nossas fragilidades, a nossa incompletude e a nossa dependência do outro. Abraçamos a interdependência, nem plenamente autônoma, nem plenamente submissa. Quem pesquisa na pós-graduação, é um sujeito em toda a experiência. Não é um equipamento de laboratório e não pode ser reduzido à operacionalização das técnicas e dos métodos, como um meio para se alcançar um resultado. As relações de apoio reconhecem quem pesquisa como um ser humano.

A experiência de pesquisa se amplia, quando

incorporamos nessa experiência as relações afetivas que desenvolvemos durante esse processo e que, muitas vezes, carregamos por toda a vida. A experiência exige a inter-relação, porque nessa troca, aprendemos, compreendemos a nós mesmos e vamos construindo os sentidos.

Considerações finais

O objetivo deste trabalho foi narrar as antiexperiências e as experiências sensíveis de pesquisa de pesquisadores do campo das ciências sociais aplicadas. Revelar o sensível-político de nossas investigações não as tornam menos objetivas, mas, ao contrário, visibiliza a dimensão objetiva e sensível que já deveria estar explicitada. Assumimos, portanto, esse lugar sensível-ético-político na construção de conhecimento, reconhecendo-o como o lugar onde podemos nos organizar e nos fortalecer nos caminhos da vida, em todas as suas dimensões.

As narrativas revelaram um ambiente hostil e soberbo na pós-graduação, que provoca sentimentos de inadequação, abandono e solidão. Essas condições não são particulares do mundo acadêmico, mas decorrentes da reprodução do modelo de sociedade capitalista e seus imperativos mercadológicos e competitivos, que predominam nos espaços de produção da ciência. A hostilidade está presente nas salas de aula, nos congressos, nas orientações e se manifesta na forma de ironia, na pressão pelo produtivismo, na exigência de uma (falsa) intelectualidade.

A experiência sensível de pesquisa nos acompanha em todos os lugares, porque o processo criativo do conhecimento nos toma por inteiro, mas precisamos nos consentir o descanso e o entretenimento. A contemporaneidade tem reduzido a nossa vida a fazer coisas, incessantemente. Quando estamos pensando na dissertação ou tese, temos a impressão de que não estamos fazendo a tese, "apenas pensando", como se fosse possível fazê-la sem pensar. E, porque temos que fazer, lidamos com a necessidade biológica do descanso e a necessidade social de nos relacionarmos como se fossem obstáculos à nossa pesquisa.

Embora sejam exceções, as relações de orientação e com grupos de pesquisa podem ser apoios importantes nas trajetórias de pesquisa e de vida dos pesquisadores. Além disso, as amizades que construímos e com as quais convivemos e nos relacionamos não são trivialidades, mas fundamentais para que mantenhamos uma vida social. Às vezes, o apoio que estamos precisando é "apenas" estar junto, podendo viver uma vida para além da tese. Em tempos tão rápidos, "parar" para viver se tornou uma desobediência necessária.

A pós-graduação é uma experiência de múltiplas relações, internas e externas ao mundo acadêmico e à pesquisa; internas à pesquisa e externas a ela. Mas há um desequilíbrio nessas relações durante a pesquisa, de tal forma que há um enfraquecimento das relações com a família, amigas e amigos de fora do ambiente acadêmico, bem como dos cuidados com a nossa saúde física e espiritual.

Entendemos que a construção de conhecimento não deve negar as outras dimensões da vida, exigindo que quem pesquisa se dedique (fisicamente, moralmente, emocionalmente, simbolicamente), exclusivamente, a ela. Se a produção de conhecimento é um processo da vida e na vida, então precisamos reconectar as outras dimensões e assumi-las nesse processo.

Falar sobre a nossa pesquisa e sobre as muitas experiências que vivenciamos durante esse momento da vida nos ajuda a pensar sobre ela e a perceber o sentido e o sem-sentido das coisas que nos acontecem. Mas é preciso um falar na relação, falar e ser ouvido, com atenção. As narrativas mostraram que o apoio afetivo tem potência para estimular e ajudar a fazer as conexões e a encontrar os sentidos e os caminhos da pesquisa. Nesse sentido, a orientação não fica restrita a uma designação formal, mas se estende a quem esteja disponível a nos ouvir com zelo.

Ainda que o processo de pesquisa seja solitário, ele pode ser uma experiência profundamente solidária, quando conseguimos construir uma rede de apoio. As narrativas mostraram a necessidade que as pessoas que pesquisam têm de se sentirem apoiadas e compreendidas, dentro ou fora da academia, para minimizar os sentimentos de fraude, de fracasso, de não chegar a lugar nenhum, de não ser capaz.

Como antídoto contra as antiexperiências, apresentamos as experiências sensíveis, que podem ser sintetizadas em: (i) minimizar a oposição entre docente e discente, revendo a perspectiva de orientação autoritária e distante e de orientandos preguiçosos; (ii) estimular um ambiente mais colaborativo e menos competitivo; (iii) fomentar espaços de diálogos sobre a pós-graduação, discutindo não somente os temas das pesquisas, mas a própria pós-graduação; (iv) estimular encontros para além dos espaços formais, fortalecendo os laços de amizade e companheirismo; (v) garantir as condições materiais e sociais para desenvolvimento de pesquisa, reconhecendo-a como um trabalho; (vi) maior transparência e diálogo sobre as exigências formais, que podem ser óbvias para quem está inserido nesses espaços há muito tempo, mas são confusas para quem está se adentrando nesse ambiente; (vii) estabelecer limites de orientação e distribuição de trabalho para docentes, para que haja tempo de qualidade para se dedicarem às dificuldades e demandas dos orientandos e orientandas; (viii) fortalecer as políticas afirmativas, pois elas mudam o perfil discente e enfraquecem algumas estruturas conservadoras.

A experiência sensível de pesquisa se inicia antes da pós-graduação, estende-se pelas múltiplas relações que nos transpassam, que nos ensinam e nos transformam e se desdobra depois da pós-graduação, no sentido e no sem-sentido da nossa vida mesmo, que se vive no próprio caminhar. Revelar as obviedades desse processo, como experiência e não como acontecimento, pode nos ajudar a pensar em uma ciência, uma pós-graduação, um processo de produção de conhecimento mais harmonizado com as outras dimensões de nossa vida, mais encantador e contemplativo da nossa própria experiência da/na vida.

Referências

ANPG. Associação Nacional de Pós-graduandos. **APG da UnB faz pesquisa sobre adoecimento na pós-graduação**. Publicado em 23 de abril de 2018. Disponível em: http://www.anpg.org.br/23/04/2018/apg-da-unb-faz-pesquisa-sobre-adoecimento-na-pos-graduacao/. Acesso em: 20 abr. 2021.

Barros, Amon Narciso de. À guisa de conclusão: o habitus de pesquisadores e pesquisadoras inseridos no mundo. **Revista Brasileira de Estudos Organizacionais**, v. 3. n. 2, p. 216-217, dez. 2016.

Bondía, Jorge Larrosa. Notas sobre a experiência e o saber de experiência. **Revista Brasileira de Educação**, n. 19, p. 20-28, jan.-abr. 2002.

Castro-Silva, Raphaela Reis Conceição. **O fazer científico a partir dos grupos de pesquisa da área da administração: em busca da criatividade e da consciência crítica**. Tese (Programa de Pós-graduação em Administração). Universidade Federal de Santa Catarina, Florianópolis, 2018, 239p.

Dickson-Swift, Virginia; James, Erica Lyn.; Kippen, Sandra; Liamputtong, Pranee. Doing sensitive research: what challenges do qualitative researchers face? **Qualitative Research**, v. 7, n. 3, p. 327–353, 2007.

Eco, Umberto. **Como se faz uma tese em ciências humanas**. 13ª edição. Barcarena: Editorial Presença, 1997.

Ferreira, Lydia Masako; Furtado, Fabianne; Silveira, Tiago Santos. Relação orientador-orientando. O conhecimento multiplicador. **Acta Cirúrgica Brasileira**, v. 24, n. 3, p. 170-172, 2009.

Freitas, Maria Ester de. **Viva a tese!** Um guia de sobrevivência. 2ª edição. Rio de Janeiro: FGV Editora, 2007.

Fourez, Gerárd. **A construção das ciências**: introdução à

filosofia e a ética das ciências. Tradução de Luiz Paulo Rouanet. São Paulo: Editora da Universidade Estadual Paulista, 1995.

Galvão, Maria do Carmo Corrêa. Reflexões: questões sobre as atividades de orientação em pós-graduação. **Revista da ANPEGE**, v. 3, p. 3-10, 2007.

Grant, Barbara. Mapping the pleasures and risks of supervision. **Discourse**, v. 24, n. 2, p. 175-90, 2003.

Haroche, Claudine. **A condição sensível**: formas e maneiras de sentir no Ocidente. Rio de Janeiro: Contra Capa, 2008.

Leite-Filho, Geraldo Alemandro Leite; Martins, Gilberto de Andrade. Relação orientador-orientando e suas influências na elaboração de teses e dissertações. **RAE**, v. 46, ed. especial Minas Gerais, p. 99-109, 2006.

Louzada, Rita de Cássia Ramos; Silva-Filho, João Ferreira da. Formação do pesquisador e sofrimento mental: um estudo de caso. In: Garay, Irene; Becker, Bertha K. **Dimensões Humanas da Biodiversidade**: o desafio de novas relações sociedade-natureza no século XXI. Petrópolis: Ed. Vozes, 2006, p. 451-461.

Marques, Mario Osorio. A orientação de Pesquisa nos Programas de Pós-Graduação. In: Bianchetti, Lucídio, Machado, Ana Maria Netto. (Orgs). **A bússola de escrever**: sobre a função da orientação de teses e dissertações. 3 ed. São Paulo: Cortez, 2012.

Martín, Eloísa. Ler, escrever e publicar no mundo das ciências sociais. **Revista Sociedade e Estado**, v. 33, n. 3, p. 941-961, set.-dez. 2018.

Pereira, Samanta Borges; Mafra, Flávia Luciana Naves. Experiência sensível de pesquisa: envolvimento e afetos na construção de alternativas de desenvolvimento. **Revista Brasileira de Gestão & Desenvolvimento Regional**, v. 19, p. 573-593, 2023.

Pereira, Samanta Borges. "Caminhante, não há

caminho. Se faz caminho ao andar": narrativas de pesquisadores dos Estudos Organizacionais sobre a experiência sensível de pesquisa. 2022. Tese (Doutorado em Administração) – Departamento de Administração e Economia (DAE), Programa de Pósgraduação em Administração (PPGA), Universidade Federal de Lavras, Lavras (MG).

Ramírez-Pereira, Mirliana. Metodologías cualitativas de lo sensible en contextos de salud pública. **Enfermería: Cuidados Humanizados**, v. 6, n. especial, p. 25-30, out. 2017.

Vieira-Junior, Itamar. **Torto Arado**. Alfragide: Grupo Leya, 2018.

Juliana Crespo Lopes

ROMPER BARREIRAS
Programas de Pós-Graduação inclusivos para pessoas que trabalham

3

Para algumas pessoas do meio acadêmico pode ser estranho pensar em garantir a permanência de pessoas trabalhadoras em Programas de Pós-graduação. Isso acontece justamente porque a segregação que existe entre "nós" e "eles" é muitas vezes desejada. É por sermos ainda uma parcela muito pequena da população brasileira – que em 2019 tinha 0,8% da população com mestrado e 0,2% com doutorado concluído (OECD, 2019) - que nossos títulos conquistados [geralmente com algum grau de sofrimento] valem tanto. Esse valor é tanto financeiro, no sentido de que podem aumentar significativamente salários; quanto de percepção social, uma vez que somos tomadas(os) como as sumidades intelectuais (apesar de que temos apenas uma hiperespecialização em temáticas restritas e específicas).

A quem pertence o saber e quem tem o direito de produzi-lo?

Sei que essa é uma discussão antiga e que nos convida a diferentes reflexões sobre epistemologias, ciência e decolonialidade. Ainda assim, infelizmente, é um assunto que precisamos seguir discutindo porque, ironicamente, é um tema ainda restrito a certos grupos acadêmicos.

Vou me permitir trazer um exemplo pessoal, até porque trarei ao longo das próximas páginas várias vivências e observações para ilustrar os pontos a serem discutidos. Considero minha dissertação de mestrado muito mais divertida, interessante e potente que minha tese de doutorado. Perceba: o primeiro adjetivo que eu utilizei foi "divertida". E tenho certeza de que isso causa estranhamento, mas porque a pós-graduação stricto sensu não pode ser divertida? De todo modo, deixo você com essa provocação e sigo em meu relato.

Gosto de minha trajetória no doutorado e também de minha tese, porém foi mais pesado que no mestrado. Me senti mais (auto)controlada para poder estar ocupando aquele lugar que eu considerava mais sério e restrito. Tive medo de escrever com minha linguagem, tive dificuldades em encontrar o caminho que seria adequado para produzir e sistematizar conhecimentos. Depois de um tempo e, principalmente depois da qualificação, consegui me autorizar a ocupar a academia de meu jeito. Mas isso foi, em boa parte, por um aval da banca de qualificação. Ou seja: outras pessoas já autorizadas e reconhecidas como acadêmicas, autorizam as que chegam depois.

Agora, trago um questionamento: quem autoriza a pessoa a concorrer à seleção de mestrado?

Já ouvi algumas vezes estudantes de graduação falando que não eram "acadêmicas" e pessoas que desempenham as mais diferentes profissões fazendo a distinção "vocês" e "eu". Isso acontece porque perpetuamos, de forma geral, a errônea ideia de saberes e intelectos necessários e pertencentes ao meio acadêmico. Isso, inclusive, faz com que se considere que o saber acadêmico é produzido apenas a partir de longos períodos de esforço intelectual. Precisamos nos dedicar ininterruptamente (incluindo finais de semana, feriados e férias) para que, a partir de sacrifícios e sofrimentos, sejam produzidos conhecimentos considerados válidos. A partir dessa leitura ensimesmada sobre os processos de produção do que é estabelecido enquanto saber acadêmico, pessoas com saberes vindos de outras origens não serão reconhecidos. E mais, entende-se que essas pessoas não fazem – e não conseguem fazer ciência. Seja porque não dominam o léxico, porque não têm bagagem, ou porque não têm tempo para se dedicar como nós – ditos acadêmicos – nos dedicamos.

Nesse último semestre eu ofereci uma disciplina sobre relações raciais e educação para cursos de licenciatura. Sou branca. Mas a ofertei porque é uma disciplina eletiva que estava sem ser oferecida e considerei importante falar sobre, inclusive a partir de uma leitura sobre branquitude. Enfim, o que importa aqui nesse novo exemplo que compartilho é que tinha algumas estudantes negras e um estudante negro na disciplina. Uma delas, a mais aplicada e dedicada, correntemente comentava que tinha vergonha de expor sua percepção sobre o texto porque eu tenho o "título" de pós doutora. Lembrando: eu sou uma pessoa branca. Ela é uma professora negra e trabalha como assistente de professora. Em uma disciplina sobre educação e relações raciais. Todo e qualquer comentário que ela fizesse naquela disciplina já partia de um lugar de muito mais saber do que eu. Isso sem considerar a perspectiva epistêmica decolonial que busco assumir em disciplinas e, também, em outros contextos de minha vida.

Ela já seria uma pessoa produtora de conhecimentos válidos apenas por existir. Sendo uma educadora negra em uma disciplina sobre tal temática só aumentava ainda mais essa validação. Mas eu passei três semestres fora do país pesquisando sobre um tema em um recorte bastante específico e isso (pra quem nunca fez um pós doc) me coloca em uma posição de detentora e produtora de conhecimentos que não faz qualquer sentido. Eu sou, no máximo, superespecializada em um tópico. Mas fiz isso dentro de uma instituição reconhecida e ganhei papéis timbrados que me chamaram de pesquisadora e professora. Aquela estudante não tem papéis timbrados, títulos ou diplomas (ainda). Assim, ela não é vista – e nem se percebe – enquanto sujeito epistêmico.

Ela falou que queria muito seguir a carreira acadêmica e dar aula na universidade, mas que era algo muito difícil, só para certas pessoas. Eu disse que tive sorte e que foi cansativo, mas não tão difícil assim. A chamei para fazer pesquisa comigo e depois entrar no mestrado, ela fez um olhar que eu interpretei como um pouco incrédulo e sorriu. Ela fará mestrado comigo nos próximos anos. Ela trabalha e tem um filho pequeno. Como faremos? Não sei ainda. Mas espero que seja possível, porque mais do que pessoas como ela almejarem pertencer, de fato, ao meio acadêmico (digo "de fato" porque, na realidade, ela já pertence por estar na graduação, por mais que pouca gente reconheça isso), o meio acadêmico precisa dela e de pessoas como ela.

Tanto é verdade a questão de não autorizar pessoas trabalhadoras em programas de pós-graduação stricto sensu acadêmicos que raras são as pesquisas que abordam isso. Em uma busca rápida na base de dados da Scielo e no Catálogo de Teses e Dissertações da CAPES, usando os descritores "estudantes trabalhadores" AND "pós-graduação" são mostrados 5 artigos na Scielo, 4 dissertações e 4 teses. Porém, ao ler os resumos percebe-se que nenhuma delas abarca a temática de estudantes que trabalham e frequentam a pós-graduação. Tentei com mais alguns descritores e na busca do google scholar e encontrei um artigo sobre alta demanda de produção que mencionava estudantes de mestrado que trabalhavam. Quando se fala da população trabalhadora em contexto educacional, o mais comum é que seja no contexto da Educação de Jovens e Adultos. É lá que essas pessoas pertencem, correndo atrás de direitos negados ou obstaculizados no passado.

Nos últimos anos, desde o início do processo de democratização da Educação Superior Pública, pesquisas têm sido conduzidas sobre estudantes que trabalham (ou que buscam trabalho) e trabalhadores que estudam. Com o aumento da oferta de cursos noturnos foi possível ampliar o acesso de classe trabalhadora na Universidade, mas os obstáculos identificados ainda são inúmeros, afinal a garantia do acesso não garante a permanência (Vargas & Paula, 2013; Trópia & Souza, 2023). Se a permanência na graduação já é um complicador para estudantes que trabalham e trabalhadores que estudam, o acesso dessas pessoas na pós-graduação é ainda mais complexo. O ato de equilibrar estudos e trabalho é realidade de praticamente todas as pessoas matriculadas em cursos noturnos de graduação. E é um dos motivos para que elas não pensem em fazer um mestrado ou, pior ainda, desejem, mas considerem que essa oportunidade não é para elas(es).

A questão do tempo

A partir do que já foi discutido, fica explicitado que existe um "perfil acadêmico" no qual poucas pessoas se encaixariam. Entre as pessoas consideradas inapropriadas e/ou incapazes para pertencer a um PPG estão as trabalhadoras. Tanto é verdade que uma das perguntas nas entrevistas para mestrado e doutorado é a respeito da disponibilidade de tempo. Isso faz com que a maioria das pessoas matriculadas em programas de mestrado e doutorado sejam funcionárias públicas (que têm direito a licenças para estudos), as pessoas que trabalham de forma autônoma, e aquelas que não precisam trabalhar. Estou ciente de que existem exceções, mas, via de regra, é o que temos hoje.

Semestre passado eu estava conversando com uma turma de estudantes de licenciatura em final de curso sobre se candidatarem ao mestrado. A seleção estava aberta e havia três pessoas interessadas. Depois que expliquei como o processo aconteceria, a primeira pergunta foi sobre a disponibilidade de aulas à noite. O Programa de Pós-Graduação (PPG) que eu faço parte (nota 7 na CAPES[1]) oferece a maioria das disciplinas no período vespertino. Das 49 disciplinas oferecidas no último período, em todas as sete linhas, apenas cinco aconteciam no período noturno. Nenhuma delas era disciplina obrigatória. Nesse panorama, é possível perceber que, de fato, o PPG está desenhado para professoras(es) de escolas públicas que conseguem pelo menos dispensa/licença parcial ou para pessoas que trabalham de forma autônoma e têm flexibilidade de horários.

Ainda assim, estudantes de pós-graduação que conciliam estudos com trabalho e/ou com demandas familiares (o que pode ser compreendido como trabalho não remunerado) se deparam com demandas difíceis de serem cumpridas inclusive por quem tem mais tempo disponível. São muitas as exigências de produção, sempre com novos patamares a serem alcançados: mais artigos em menos tempo e em revistas mais bem conceituadas. As bolsas são poucas e de valor insuficiente para arcar com todas as despesas mensais. Mendes e Iora (2014) trazem algumas situações e relatos de estudantes de mestrado sobrecarregados com tantas demandas em apenas dois anos de curso. Entre os relatos, encontro o de uma mãe que tenta estudar nos horários que os filhos estão na escola e, apesar de ser algo próximo de 20 horas semanais, este

---

1 A nota mais alta que Programas de Pós-Graduação podem receber, sendo revisada periodicamente. Desta forma, existe uma grande pressão por manter o padrão elevado do Programa.

tempo não é suficiente. Isso porque além do cuidado direto quando as crianças estão em casa, ainda existem todas as demandas da casa.

 E quem já passou pelo mestrado e doutorado, ou está atualmente neles, sabe que dificilmente o seu tempo disponível para a escrita é o tempo no qual a escrita acontece. Muitas vezes a inspiração não vem, outras tantas passamos horas nos debruçando em leituras para conseguir estabelecer uma narrativa a partir delas. Isso que nem mencionei a extremamente criticada (e vivenciada de forma diretamente proporcional) procrastinação. Faço o destaque porque essa problemática é também presente entre estudantes de pós-graduação que conciliam trabalho e estudo e, nesse contexto, o processo de produção de conhecimentos sistematizado encontra ainda mais barreiras.

 No momento em que escrevo este capítulo, estou com três orientandas de Trabalho de Conclusão de Curso de graduação que estão bastante atrasadas com suas produções. São estudantes de Pedagogia, uma delas mãe e todas elas trabalhando em subempregos em escolas ou como cuidadoras. Elas vão finalizar e vão conseguir defender suas monografias nas próximas semanas. Vai dar certo porque a gente sabe que, quase sempre, dá . Mas porque esse processo precisa estar acompanhado de tanto sofrimento psicológico? E como elas estariam se fosse outra orientadora? Não que eu esteja me exaltando aqui, mas o que mais ouço (seja na graduação, no mestrado ou no doutorado) é que orientadores(as) somem. Eu leio e dou feedback no que escrevem sempre no mesmo dia que elas me enviam, porque sei que o tempo delas é curto. Busco aproveitar as janelas de tempo que elas encontram. E por mais que meu tempo também seja curto e minhas demandas muitas, tento priorizar a leitura comentada das produções de alunas(os).

 Antes que colegas me critiquem (talvez eu esteja algumas páginas atrasada para evitar isso...), quero salientar que de maneira alguma estou dizendo que todas as pessoas que orientam estudantes devam agir como eu. Talvez eu esteja errada em dedicar tanto de meu tempo tão prontamente a estudantes (mas, se não a estudantes, a quem dedicarei meu tempo como docente?). Talvez eu trabalhe demais (essa parte não tem talvez, estou escrevendo neste momento dentro do avião, viajando de férias). Talvez eu mude de opinião com o tempo (já isso eu acho/espero extremamente difícil...). De todo modo, quero aqui nestas breves páginas fazer uma provocação e um convite. Um convite para reflexão (e posterior ação) sobre o assunto e, também, para que exista mais diálogo na pós-graduação.

Relações de orientação mais humanas

Em 2018, fiz uma visita técnica à Universidade de Helsinki, na Finlândia. Lá, estudantes de doutorado e docentes têm acesso a cursos de atualização pedagógica. À época, tive a oportunidade de assistir a encontros de dois desses cursos e a conhecer a estrutura da formação continuada existente. Um dos cursos propostos era sobre orientação acadêmica, em um viés centrado em estudantes. Achei muito curioso que a Universidade tenha reconhecido a necessidade de se repensar as práticas de orientação. Considero um assunto extremamente necessário, mas não esperava que uma instituição se propusesse a isso. Espero que existam outras iniciativas similares e que abram caminhos para novas. O ponto é que as orientações de mestrado e doutorado (e também de PIBIC, extensão, PIBID, TCC...) precisam ser mais humanizadas. Cada relação encontrará seu caminho e seu equilíbrio, entendendo e contemplando as demandas de ambos os lados. Para que esse processo tenha início, é importante que estudantes sejam percebidas(os) enquanto iguais (porque o são, inclusive). Infelizmente, é comum que docentes julguem estudantes enquanto pessoas inferiores e menos capazes, que devem ser menosprezadas(os) e subordinadas à orientação.

A importância de uma orientação centrada em estudantes reside em alguns fatores, mas aqui focarei em três:

1. Sem estudantes a pós-graduação não existe. Pode se tornar um centro de pesquisa, mas não

se caracteriza mais como um espaço formativo para novas pessoas.

2. Se eu parto do pressuposto, já bastante discutido na área da Psicologia da Educação, que quando estudantes não conseguem aprender, deve ser modificada a abordagem pedagógica para algo que as(os) alcance, o mesmo se aplica à orientação. Quando estudantes não mostram o progresso e a produção esperada, não é um sinal de fracasso. Deve-se compreender o contexto, o desenvolvimento individual e estabelecer caminhos de orientação.

3. O movimento de tornar a universidade um espaço mais inclusivo e democrático passa por compreender que o perfil de estudantes se modifica e, portanto, é necessário um olhar atento às demandas, interesses e possibilidades abertas por essas novas pessoas.

Tenho certeza de que neste livro existem relatos sobre a relação entre orientadoras(es) e orientandas(os). Possivelmente algumas situações negativas, discussões sobre saúde mental e afins. Porém, considerando o título da obra, espero que novos caminhos sejam estabelecidos. Os PPGs e, mais especificamente, orientadoras(es) precisam também fazer movimentos de readequação para que a pessoa da classe trabalhadora ingresse, permaneça e conclua com êxito seus estudos de pós-graduação stricto sensu.

Linhas finais desta provocação/ convite à reflexão e ação

Não estou querendo dizer com minha narrativa de recém-chegada enquanto professora efetiva na universidade e ainda mais recente na pós-graduação, que tenho a receita para todos os problemas. Porém, sinalizo alguns caminhos para a reflexão e para a ação. Entendo ser fundamental considerar o novo perfil de estudantes que conciliam trabalho e estudo e acolher sua presença nos Programas de Pós-graduação. Defendo que devemos nos familiarizar com suas origens, reconhecer essas pessoas como seres epistemológicos que pertencem aos PPGs e atender às suas demandas. Isso implica em oferecer cursos no período noturno, ajustar nossas abordagens de ensino e orientação, e estabelecer relações mais equitativas com estudantes e candidatas(os) que não dependam de paradigmas hierárquicos e colonizadores. A questão que requer maior discussão é: Como podemos alcançar esses objetivos dentro da microestrutura (nossas próprias aulas e supervisão) e, também, dentro da macroestrutura (todo o programa, universidade e além)?

Referências

OECD. **Education at a glance**: OECD indicators – Brazil. https://www.oecd.org/education/education-at-a-glance/EAG2019_CN_BRA.pdf

Mendes, V. D. R., & Iora, J. A. (2014). A opinião dos estudantes sobre as exigências da produção na pós-graduação. **Revista Brasileira de Ciências do Esporte**, 36(1), 171–187. https://doi.org/10.1590/S0101-32892014000100012

Trópia, P. V., & Souza, D. C. C. (2023). As portas permanecem semiabertas: estudantes trabalhadores nas universidades federais. **Pro-posições**, 34, e20210033. https://doi.org/10.1590/1980-6248-2021-0033

Vargas, H. M., & Paula, M. de F. C. (2013). A inclusão do estudante-trabalhador e do trabalhador-estudante na educação superior: desafio público a ser enfrentado. Avaliação: **Revista da Avaliação da Educação Superior** (Campinas), 18(2), 459–485. https://doi.org/10.1590/S1414-40772013000200012

4

VOCÊ TOPA DEIXAR DE SER UM MESTRE DE MARIONETES?
Três propostas de mudanças para a Pós-Graduação

Igor Vinicius Lima Valentim

Este texto foi escrito a partir da apresentação que realizei durante o evento Construindo Outra Pós-Graduação, em outubro de 2023, intitulada *"Você topa deixar de ser um[1] mestre de marionetes? Três propostas de mudanças para a Pós-Graduação"*[2].

Fiz questão de manter o tom coloquial, oral, polêmico, com o qual realizei a apresentação, dirigida principalmente a atuais e futuros professores e orientadores de Pós-Graduação. Por isso os leitores encontram os verbos conjugados no tempo presente. Esta é uma opção politicamente consciente: que este seja um texto vivo, em busca de alguma transformação concreta.

Durante a apresentação, de apenas dez minutos, foi difícil abordar detalhes devido ao tempo disponível. Construo este texto também como uma forma de registrar, aprofundar e manter viva as questões discutidas em outro formato, bem como de suscitar outras provocações, agora direcionadas a um público mais alargado, para além dos que estavam presentes no evento.

A apresentação tinha a intenção de suscitar perguntas, debates e questionamentos para os momentos coletivos de discussão durante o evento. Já este texto, em formato escrito e com caráter expandido, tem um objetivo diferente: poder detalhar as propostas com mais calma e apresentá-las de maneira mais esmiuçada e propositiva.

Uma outra justificativa para este texto está ligada ao desejo de dialogar com as críticas e questionamentos que a apresentação recebeu durante o evento. Em tempos como os atuais, em que boa parte dos trabalhos apresentados em diversos eventos não são sequer discutidos, tive a enorme alegria de ser questionado sobre o trabalho que apresentei. E, a partir destes questionamentos, incorporei neste texto articulações e diálogos ligados a eles.

---

1 Reconheço que a língua portuguesa é extremamente machista e usa predominantemente a forma masculina como "padrão". Desta forma, mesmo quando eu uso apenas a forma masculina, o texto pode se referir a qualquer gênero. Construo o texto com a forma de linguagem masculina por ser aquela com a qual me identifico.

2 Vídeo disponível em: https://www.youtube.com/watch?v=a2g-HWLyHv4

Quero que este seja um texto-ferramenta, suscitador de debates com a intenção de propor mudanças. Não há aqui nenhuma generalização. E tampouco qualquer verdade absoluta. Escrevo de um ponto de vista limitado, situado e momentâneo, contingente, transitório.

Com a ajuda da autoetnografia[3,4,5,6] enquanto método, analiso e proponho mudanças relacionadas a três aspectos, polêmicos e pouco discutidos, ligados a Mestrados e Doutorados:

1. Quem escolhe o tema da pesquisa
2. Cartas de recomendação
3. Mudança de orientador

O primeiro aspecto começa antes da entrada no curso e se estende ao longo da trajetória na Pós; o segundo tem a ver com momentos anteriores à entrada de estudantes na Pós-Graduação, mas também pode estar presente depois que o aluno já se graduou, ao longo de sua vida profissional; e o terceiro aspecto está diretamente relacionado com o que os mestrandos e doutorandos enfrentam ao longo do curso.

Como reclamar não basta, faço questão de apresentar aqui propostas de mudanças para os problemas que levanto. Ao usar a autoetnografia para analisar aspectos da cultura acadêmica, ao final, chego a alguns questionamentos para os quais não tenho necessariamente respostas claras: alguém quer mudar a Pós-Graduação? Quem quer, de fato, mudar a Pós-Graduação? E em que

---

3   Valentim, Igor V. L. Cafetinagem acadêmica, assédio moral e autoetnografia. Rio de Janeiro: ComPassos Coletivos, 2022. https://doi.org/10.5281/zenodo.7048193

4   Valentim, Igor V. L.; Moreira, Mariana M.; Gonçalves, Suziane O. S. Metodologias ativas no ensino remoto: uma autoetnografia. Rio de Janeiro: ComPassos Coletivos, 2021. https://doi.org/10.5281/zenodo.8157270

5   Valentim, Igor V. L. Between Academic Pimping and Moral Harassment in Higher Education: an Autoethnography in a Brazilian Public University. Journal of Academic Ethics, v. 16, p. 151–171, 2018. https://doi.org/10.1007/s10805-018-9300-y

6   Versiani, Daniela B. Autoetnografias: Conceitos alternativos em construção. Rio de Janeiro: 7Letras, 2005.

direções?

Problemas que sinto, problemas que quero transformar

Durante a apresentação, eu perguntei: se eu escrever um texto bem acadêmico, cheio de referências de acadêmicos famosos e renomados, será que isso vai ajudar a resolver – ou ao menos a minimizar – os problemas que eu vejo, vivo e sinto na Pós-Graduação?

A academia é ótima para analisar os outros, mas analisa muito pouco a si própria[7,8,9,10]. É perceptível, em diversos momentos, uma distância enorme entre o que se fala e o que se faz. Não adianta olhar apenas para o que se ensina, pesquisa e se recomenda. É preciso calibrar o olhar e a atenção para o modo como essas coisas acontecem e como as relações interpessoais são desenvolvidas. Basta ver a infinidade de textos sobre desigualdade, revolução, poder, violências, racismo, injustiças, cooperação, entre outros, e olhar, ao mesmo tempo, para como são as relações entre as pessoas dentro da academia.

Faça o que eu digo!
Não faça o que eu faço ou como eu faço!

---

7   Valentim, Igor V. L. Entre naturalizações e desassossegos: educando para tolerar o intolerável? Revista on line de Política e Gestão Educacional, v. 22, núm. 1, Esp., p. 265-279, 2018. https://doi.org/10.22633/rpge.v22.nesp1.2018.10794

8   Valentim, Igor V. L. Academic Pimping. In: Pensoneau-Conway, Sandra L.; Adams, Tony E., Bolen, Derek M. (Eds). Doing Autoethnography. Rotterdam: SensePublishers, 2017. https://doi.org/10.1007/978-94-6351-158-2_18

9   Valentim, Igor V. L. (Org.). Metodologias ativas na Pós-Graduação: escuta, curiosidade e amor. Rio de Janeiro: ComPassos Coletivos, 2023. https://doi.org/10.5281/zenodo.8139510

10   Canellas, Bruna G. C.; Valentim, Igor V. L.; Moreira, Mariana M.; Quadros, Millena C. A. S.; Gonçalves, Suziane O. S. (Orgs). Desafios e estratégias na pós-graduação: uma conversa necessária. Rio de Janeiro: ComPassos Coletivos, 2022. https://doi.org/10.5281/zenodo.6827203

Não tenho neste espaço a intenção de compor um texto recheado de teorias rebuscadas e diagramas visualmente atraentes. Não tenho o interesse que este se torne um texto muito citado a partir de alguma revista "de alto impacto".

Se este texto não for citado nenhuma vez, mas suscitar desassossegos, desconfortos, questionamentos, reflexões, incômodos ou alguma mudança concreta em relação a tudo o que aqui discuto, ele já terá cumprido o que dele espero.

1. Quem escolhe o tema da pesquisa?

Em geral, professores orientadores em Programas de Pós-Graduação (PPGs) costumam ser procurados por alguns dos candidatos que pretendem cursar Mestrados ou Doutorados. E uma das razões para isso está diretamente ligada à escolha do tema de pesquisa que os futuros estudantes vão desenvolver ao longo do curso.

Em muitos dos processos seletivos para a Pós-Graduação, é exigida uma proposta ou um projeto de pesquisa. Logo, a escolha do tema ganha importância desde a etapa de preparação dos documentos para a seleção. E esta não é uma questão apenas burocrática ou documental.

Um estudante de Mestrado ou Doutorado necessita de um orientador para desenvolver sua trajetória de pesquisa na Pós-Graduação. Mesmo nos casos em que não há a necessidade de enviar um projeto de pesquisa para se inscrever no processo seletivo, não é incomum encontrar casos em que o futuro orientador tem a palavra final sobre aceitar orientar (ou não) um candidato durante a seleção. Diversos editais incluem, entre os critérios de avaliação, que haja efetiva disponibilidade de orientação para o projeto do candidato. E o que significa "disponibilidade de orientação"? Que algum professor se considera apto/capaz/disposto e pode vir a orientar o futuro estudante?

Não é raro encontrar um PPG em que, para que

um candidato seja aprovado na seleção, ele tenha de ter o "aceite" (de modo explícito ou interno) de algum professor orientador. Alguns Programas solicitam este aceite antes mesmo do processo, na forma de um documento obrigatório para a inscrição de um candidato. Em outros, o aceite precisa acontecer ao longo do processo seletivo. Faço questão de registrar que eu nunca vi nenhum professor ser obrigado, contra sua vontade, a orientar um estudante de mestrado ou doutorado. Mas já vi estudantes terem orientadores diferentes daqueles que gostariam.

Há uma tensão nos candidatos, nos processos seletivos para Mestrados e Doutorados, para conseguir algum orientador que os acolha e tope orientá-los. Em muitos momentos se faz presente a cafetinagem acadêmica[11]:

> a operacionalização da cafetinagem acadêmica tem menos a ver com exigências presentes em normas e regulamentos e mais a ver com a construção do desejo no seduzido: por isso a figura tão emblemática do aspirante. Os sedutores estimulam e convocam idealizações. Ao querermos acesso a mundos, reconhecimentos e recompensas e, seduzidos, passamos a desejar o que nos é apresentado como única forma ou como melhor caminho para conseguirmos o que queremos. Fazer e agir diferente parece-nos muito temerário, perigoso, difícil, arriscado, enfim... vale a pena?[12]

Há estudantes que procuram orientadores sedentos por descobrirem como ou o que pesquisar, para maximizarem as chances de se encaixarem nos projetos e/ou interesses dos docentes, sejam quais forem, na esperança de serem 'aceitos', 'escolhidos' e terem acesso ao que desejam, topando para isso trabalharem no tema, assunto, projeto ou atividade que forem solicitados ou sugeridos. E em vários casos nem precisa haver sugestão ou solicitação: alguns estudantes buscam construir propostas que eles pensam que podem agradar ou despertar o interesse de

---

11 Valentim, Igor V. L. Cafetinagem acadêmica: Alguém tem medo de pesquisar as relações acadêmicas? Polêm!ca, v. 16, n. 3, p. 19-36, 2016. http://doi.org/10.12957/polemica.2016.25200

12 Valentim, Igor V. L. Cafetinagem acadêmica, assédio moral e autoetnografia. Rio de Janeiro: ComPassos Coletivos, 2022, p. 83-84. https://doi.org/10.5281/zenodo.7048193

futuros orientadores.

Não vejo nenhum problema no contato prévio entre candidatos e possíveis orientadores. Muito pelo contrário. Acho isso positivo e apoio que esse contato seja realizado. Entretanto, uma coisa é fornecer esclarecimentos a futuros candidatos sobre a viabilidade, qualidade e/ou delimitação das propostas ou projetos de pesquisa construídos por eles. Outra, totalmente diferente, é fazer deste contato um caminho para estimular (ou seduzir, em uma linguagem derivada da cafetinagem acadêmica), que candidatos desenvolvam apenas projetos que estejam dentro ou que venham a turbinar o programa de pesquisas do orientador, seus tópicos/assuntos ou mesmo projetos existentes ou desejados.

Não é mera coincidência que alguns estudantes de Pós se sentem como servos[13] ou mesmo como pesquisadores mal ou não pagos.

> Apresente uma agenda de pesquisa pré-elaborada e queira que os candidatos sigam. Repetindo. Você quer fantoches. Você quer ser um Mestre de Marionetes, como diz a música do Metallica! Você quer ser o especialista em XPTO! Ou apresente, no edital de seleção do PPG em que você trabalha, uma lista. Os candidatos precisam analisar quais os projetos que os docentes estão desenvolvendo e apontar em qual vão se integrar em caso de aprovação.

Criatividade zero. Autonomia zero.

Qual a mensagem que é passada? Que os estudantes precisam se adequar, trabalhar para os futuros orientadores dentro dos temas, métodos, autores e perspectivas que estes últimos desejam e aceitam.

> Você é livre para criar dentro do meu cercadinho e se fizer o que eu acho importante, relevante e cientificamente legítimo. Você é só um mestrando. Apenas um doutorando. Um recém-chegado.

---

13   George, Casey E.; Saclarides, Evthokia S.; Lubienski, Sarah T. "A difference in priorities?: Why US and international students consider leaving doctoral programs", Studies in Graduate and Postdoctoral Education, v. 9, n. 1, p. 38-57, 2018. https://doi.org/10.1108/SGPE-D-17-00040

O que muitos estudantes não se dão conta neste momento anterior ou mesmo inicial do curso é que, diversas vezes, esses temas não construídos com base nos seus próprios interesses podem vir a se transformar em verdadeiros fardos para eles. Em outros países, a escolha do tema de pesquisa já foi relacionada[14] com a evasão na Pós.

Evasão, adoecimento, desencanto. Tudo isso está interligado e também dialoga, entre outras coisas, com a definição dos temas das pesquisas de estudantes de Pós-Graduação.

Temas que não causam brilho nos olhos dos estudantes. Que não dão tesão. Mestrados e Doutorados são processos educacionais, etapas formativas muito, muito, muito trabalhosas.

Quero uma educação que estimule a criatividade, a autonomia, e isso passa também pela forma como acontece a construção do tema de pesquisa.

> Venha para o clube.
>
> Venha para a nossa pequena máfia.
>
> E só oriente pessoas que quiserem pesquisar o que você já pesquisa, o que já está no seu programa de pesquisa.
>
> Ou com os métodos de pesquisa que você usa ou acha que domina.
>
> Ou que citem você e/ou autores que você cita.

Como os temas de pesquisa nos mestrados e doutorados são definidos? Quem escolhe o tema a ser pesquisado na pós-graduação? Os orientadores e orientadoras? Os estudantes-pesquisadores? O que estimulamos com nossas atitudes com relação à escolha do tema de pesquisa?

> Podemos melhorar esse problema, mas...
> consideramos isso um problema? Para quem?
> O que precisa ser modificado? E para quê?

---

14 Pyhältö, Kirsi; Peltonen, Jouni; Castelló, Montserrat; McAlpine, Lynn. What sustains doctoral students' interest? Comparison of Finnish, UK and Spanish doctoral students' perceptions. Compare: A Journal of Comparative and International Education, v. 50, n. 5, p. 726-741, 2020. http://doi.org/10.1080/0305 7925.2019.1585229

Durante o evento que deu origem a este livro, uma das questões direcionadas à minha apresentação estava relacionada a como implementar, na prática, a proposta de deixar a cargo do estudante a escolha do tema de sua pesquisa de Mestrado e Doutorado.

> *- Igor, você provocou sobre a questão da escolha do tema de pesquisa e eu, enquanto professora e orientadora de um PPG, me vi muitas vezes reproduzindo isso que você critica. Mas fiquei pensando... como você faz para orientar um trabalho baseado em tema ou assunto que você não entende nada, que não trabalha, que não está na sua agenda, que não domina?*

A pergunta me caiu de maneira totalmente inesperada, mas ao mesmo tempo de maneira riquíssima, potente. Vivemos uma cultura dos experts. Os professores de universidades e, mais especificamente, aqueles professores universitários que trabalham em um PPG, são muitas vezes considerados como ultra especialistas. Alguns se acham deuses. E a cultura dos experts está enraizada em nós. Mesmo que queiramos sair dela, não será fácil.

Respondi:

Eu não tenho uma receita de bolo pronta que vá servir para todas as situações, e confesso que nem acredito nisso. Mas eu vou compartilhar uma situação que vivi recentemente pra gente pensar junto e ver se ajuda a construirmos formas de tornar concreto o que estou propondo. Atacar esse problema vai fazer com que tenhamos que lidar com pelo menos seis aspectos, todos completamente interligados e em mútuo atravessamento:

- Papel e concepção sobre ser um orientador de Mestrado e Doutorado
- Cultura do expert e nosso desejo de controle: relações com hierarquia, domínio e poder
- Curiosidade genuína pelo novo, pelo diferente
- Valorizar a autonomia e querer contribuir para os sonhos das pessoas
- Aprendizagem coletiva, ser aprendente junto, reconhecendo na prática que temos muito a aprender com os outros

- Enxergar o estudante de Pós como um cientista autônomo, autoral, criativo e independente em formação

Qual o papel de um orientador de Pós? A gente se enxerga como um educador? Qual é o papel que consideramos ter nesta posição? É preciso refletirmos sobre o que esperam da gente, mas, principalmente, sobre o que nós esperamos de nós mesmos enquanto profissionais nesta posição.

Enquanto a gente buscar estar no papel de expert, a gente vai alimentar uma sede de controle, de domínio, seja de um conteúdo XYZ, de um método ZPTO ou de outras pessoas. Isso se materializa, por exemplo, na forma como nos enxergamos em uma posição de quem sabe mais, do que quer ensinar quem sabe menos (ou não sabe nada). Muitos orientadores vestem essa roupa e enxergam os estudantes como burros, ignorantes, sem conhecimento, despreparados e que precisam seguir as suas orientações para conseguirem ao menos avançar um pouco na trajetória do conhecimento, que eles detêm. Da mesma forma, diversos estudantes enxergam o orientador como um super expert, especialista, bambambam, sabe tudo: esperam que ele seja o mestre que vai iluminá-los e tirá-los da ignorância.

Isso tem relação direta com a naturalização de dois valores como base para as relações humanas: hierarquia e desigualdade. O que quero dizer é que as pessoas não se sentem (e muitas nem desejam estar) em um mesmo nível nas relações com as outras. Muitas pessoas vivem efetuando comparações que não traduzem as diferenças de um ponto de vista da complementaridade, mas do viés da falta, de entender que a outra pessoa sabe mais, tem mais experiência, pode mais, e daí em diante. Não estabelecemos relações baseadas em um sentimento de que somos igualmente capazes, potentes, com saberes apenas diferentes e não em maior ou menor quantidade. Muitas pessoas sentem as diferenças como sinônimo de inferioridade ou superioridade. Permanente comparação e competição.

O orientador possui saberes que o estudante talvez

não tenha. Da mesma forma, o estudante também tem vários outros saberes que o orientador talvez não tenha. O orientador considera, na sua atitude cotidiana, que o estudante precisa repetir o que ele sabe e citar os autores que ele conhece para fazer um bom trabalho? Ou ele entende o aluno de Pós como alguém a quem vai apoiar, orientar, nas suas escolhas e nos seus desafios?

Todas essas questões também dialogam com nossos medos e inseguranças. Às vezes queremos ser "donos", achar que dominamos ou controlamos algo. Queremos um queijo pra chamar de nosso. E que todos concordem e repitam o que pensamos e achamos. Senão estarão errados!

Eu não me sinto à vontade para orientar uma tese sobre estruturas metálicas na construção civil ou sobre sensores eletrônicos para a aviação militar. Mas esses temas dificilmente chegariam a mim como propostas por parte de algum candidato. Por que digo isso? Porque já estamos operando em PPGs que são relativamente capazes de fazer esse filtro. Ainda que tenhamos PPGs interdisciplinares, nossos Programas de Pós no Brasil estão separados e são avaliados em mais de trinta áreas temáticas distintas. Ainda que dentro de um PPG existam diferenças grandes entre docentes, interesses, pesquisas e temas, os filtros já operam ativamente devido ao fato de os PPGs estarem ligados a áreas de conhecimento diferentes.

A partir do momento em que eu não me vejo como um expert em XYZ, e que não quero dominar ZYX, eu não vou querer orientar apenas estudantes que pesquisem sobre o tema XYZ (e seus correlatos) ou que utilizem o método ZPTO. Estou mais interessado em valorizar e estimular os sonhos das pessoas e tenho curiosidade genuína pelos assuntos e problemas que outras pessoas desejam investigar. Mesmo nos casos em que acontecer dessas coisas coincidirem com os meus trabalhos e interesses, meu papel será de estimular a autonomia, a independência, a criticidade, e não a repetição do que eu penso ou acho.

Durante o processo seletivo para o PPG em que atuo hoje, os candidatos têm um campo no formulário de inscrição no qual podem indicar nomes de um ou mais professores que gostariam que fossem os seus orientadores.

Não há a obrigação de fazer isso. Podem deixar em branco. Alguns candidatos indicam nomes, outros não. Uma candidata, dentre as que indicaram o meu nome como possível orientador, submeteu um projeto de pesquisa focado em dados negativos de pesquisa. O que eu sei sobre dados de pesquisa? E mais especificamente sobre dados negativos de pesquisa? Pouco. Em um mundo de experts e especialistas, bem pouco, eu diria.

Mas eu achei o projeto dela extremamente necessário, interessante e crítico. Ela passou por todas as etapas do processo seletivo com ótimas notas e, na última, que era justamente a defesa do projeto e do seu memorial, foi extremamente segura e consciente. Um projeto autoral. Seu. Com lacunas e melhorias necessárias, claro, como seria esperado, mas suficientemente maduro para o momento de uma seleção.

Uma integrante do corpo docente do PPG disse que o projeto realmente era meritório, mas brincou, questionando como eu iria orientar um projeto ligado a dados negativos de pesquisa, algo que eu nem devia saber o que era. Eu ri, disse que por acaso eu até sabia um pouco, bem pouco, mas que eu estava aberto e disposto a aprender mais.

Quando eu aceitei orientar essa estudante e seu projeto de pesquisa, não foi porque sou um expert em dados (negativos) de pesquisa. Não sou. Também não foi porque pesquiso isso atualmente ou tenho vontade de pesquisar em breve. De forma alguma. Foi justamente por valorizar um projeto original, autoral, meritório, de uma candidata que foi aprovada em todas as outras etapas, defendeu o seu projeto e memorial e mereceu ter a chance de desenvolver o trabalho dentro do que ela quer, gosta e acredita. Dentro de algo que vai fazer com que seus olhos brilhem e motivá-la (ao menos é o que espero).

Eu não a vejo como alguém que vai turbinar os meus interesses. Meu papel é trabalhar para que ela construa de maneira autônoma e posteriormente atinja os seus objetivos.

Neste exemplo, eu não "domino" o tema da agora doutoranda. Mas tenho genuína curiosidade de aprender algo diferente junto com ela. Terei de ler muitas coisas que nunca li ou imaginei ler. Leremos juntos. Eu não estarei apenas no papel de indicar leituras pros outros, ignorantes. Essas leituras, muitas delas, serão indicadas para ela e para mim próprio. Terei de ler junto. E isso me motiva. Alimenta minha curiosidade. E, se for necessário, é sempre possível pensar em coorientadores e/ou em contatos com outros profissionais.

Tenho certeza de que aprenderei muitas coisas com ela. E ela tantas outras comigo. Ou seja, estamos falando de operacionalizar na prática aprendizagens coletivas, múltiplas, variadas, imprevistas, dentro do tema de pesquisa escolhido pela então candidata. Busco com isso estimular a sua criatividade, autonomia, autoria.

Meu papel não é o de um expert, mas de orientador e mediador. De trazer críticas construtivas. De ler muitas coisas junto com ela, de sugerir outras, de estimular a construção de uma pesquisadora crítica, segura, propositiva. Isso requer que eu também queira estar aberto ao novo, ao inesperado, ao imprevisto, a aprender coisas diferentes e talvez até impensadas.

Alguns professores são tão conservadores, a cultura acadêmica é tão conservadora, que a CAPES exige indicar com qual projeto de pesquisa do docente a dissertação ou tese do estudante está relacionada, no âmbito do processo de avaliação do PPG. Mas são professores orientadores de PPG que estão na CAPES trabalhando nessas normas e formulários. Somos nós! Nos comitês da CAPES. Nós é que construímos esse tipo de indicador de avaliação. E, depois, isso vira uma justificativa que nós usamos com os estudantes, uma desculpa para justificar que só aceitaremos orientar quem pesquisa o que nós pesquisamos ou queremos pesquisar. Perverso!

Podemos melhorar esse problema, mas... consideramos isso um problema? Para quem? O que precisa ser modificado? E para quê?

É impossível resolver este problema por decreto, norma ou regulamento. Entretanto, acredito na força do contágio. E na potência da alegria, do tesão.

SUGESTÕES:
- Retirar dos formulários avaliativos da CAPES quaisquer links ou relações entre os projetos de pesquisa dos orientadores e os trabalhos finais dos orientandos;
- Estimular que candidatos concorram nas seleções com projetos autorais, sem necessariamente terem conexão direta com projetos desenvolvidos por professores do PPG;
- Buscar ressignificar o papel do professor-orientador e dos estudantes, estimulando a criatividade, autonomia e autoria e, consequentemente, uma educação para a invenção.

2. Cartas de recomendação

É muito comum o uso de cartas de recomendação no meio acadêmico, em diversos países do mundo, seja para seleções de estudantes de Pós-Graduação, seja para a contratação de professores e/ou pesquisadores.

O que esperamos quando solicitamos uma, duas ou até seis cartas de recomendação (ou referências, como alguns chamam)?

Algumas regras são explícitas, outras nem tanto.

> Diga a todos os interessados em cursar mestrados e doutorados que precisam, para se inscrever no processo, apresentar três cartas de recomendação. Três pessoas com quem tenham trabalhado ou estudado, e é muito importante que elas incluam os ex-orientadores. Afinal de contas, precisamos verificar o que eles dizem. Será que se comportaram bem? Trabalharam bem pra ele? Fizeram tudo o que o professor mandou, sugeriu e/ou seduziu a fazer?

O PPG em que hoje[15] trabalho tradicionalmente incluía, até 2022, entre os documentos obrigatórios para candidatos a Mestrados e Doutorados, cartas de recomendação. Ou seja, se fosse seguido o rigor da letra da lei presente nos editais, sem o envio de duas cartas de recomendação assinadas por professores doutores, o candidato poderia ter a sua inscrição para participar no processo seletivo indeferida, cancelada, invalidada.

Essa obrigatoriedade me incomodava sobremaneira. Essa prática acabava por impedir que um candidato que não conseguisse as cartas de recomendação sequer tivesse a chance de se inscrever e tentar a seleção de um Mestrado ou Doutorado. E, além disso, pelo fato de as cartas precisarem ser assinadas por professores doutores, ficava claro que o público que precisava "recomendar" os candidatos era bem restrito e específico. Por que um professor doutor é mais capaz de recomendar um candidato do que um líder comunitário?

Se um candidato teve boas relações com outros professores doutores, ótimo! Que ele demonstre isso em sua trajetória, produtos ou mesmo na defesa de seu projeto ou memorial. Mas vincular a inscrição de um candidato à necessidade de ser recomendado por dois professores doutores? O que a gente estava estimulando com esse requisito?

Durante o planejamento, discussão e preparação do edital de 2023, levei como sugestão de alteração este ponto. Sugeri retirar a obrigatoriedade das cartas de recomendação como documentos necessários à inscrição e avaliação dos candidatos ao Mestrado e ao Doutorado.

A discussão foi muito tensa. Alguns professores, que desejavam manter a obrigatoriedade das cartas de recomendação, argumentaram que a academia é uma comunidade baseada na avaliação por pares, que a tradição e a senioridade devem ser valorizadas, que é fundamental ter a opinião de antigos professores e/ou orientadores para se avaliar um candidato, entre outras coisas. Um deles chegou a dizer que, mesmo pesquisando temas "não tradicionais",

---

15   Escrevo este texto no final de 2023.

enxergava e reconhecia que era bastante conservador nesse posicionamento.

 – *Acho que precisamos discutir isso com mais calma...*

Algumas pessoas buscavam prolongar a discussão, sem acrescentar novos elementos. Outras queriam manter a prática vigente e deixar a decisão sobre uma possível mudança para outro momento. Parecia haver um clima de que alguns colegas não queriam deliberar sobre o assunto: será que preferiam empurrar com a barriga, deixando para uma próxima oportunidade, e assim repetindo mais uma vez um edital nos moldes dos anteriores?

Depois de muita insistência, solicitei que a questão fosse encaminhada para votação. Felizmente, mais de 60% dos integrantes do colegiado votaram pelo fim da obrigatoriedade das cartas de recomendação para as seleções de Mestrado e Doutorado. O grupo decidiu, na sequência, que o candidato que desejasse, em caráter absolutamente opcional, poderia anexá-las como "outros documentos" em seu formulário de candidatura, sem sofrer nenhum tipo de penalidade caso não o fizesse.

O mais surpreendente para mim foi ver que um estudante, representante discente, votou pela manutenção da obrigatoriedade das cartas de recomendação para os futuros candidatos.

O que eu consegui? Retirar a obrigatoriedade das cartas de recomendação como item necessário à inscrição de candidatos ao Mestrado e ao Doutorado.

O que eu não consegui mudar? Por ter a possibilidade de que alunos anexem cartas de recomendação em "outros documentos", se assim quiserem, alguns professores podem levá-las em conta, de alguma forma, na avaliação.

O caminho é longo e construído de passos pequenos. Muitas vezes, também de retrocessos.

Como estimular com que os docentes valorizem mais o mérito e menos a tradição e a rede de contatos dos candidatos? O que implica solicitar cartas de recomendação como documentação obrigatória em processos seletivos para Mestrados e Doutorados? Qual a razão disso? O que se quer com elas? Quais os nossos valores, visões de mundo e de Pós-Graduação que estão presentes em nossas escolhas e atitudes quando defendemos este tipo de instrumento?

Quando colocamos as cartas de recomendações como obrigatórias, consideramos que os candidatos precisam ser recomendados por outros acadêmicos. E, neste momento, não importa se o seu projeto é meritório, relevante ou autoral. O que importa é que seja recomendado por outras pessoas do meio acadêmico. Ou seja, desvalorizamos o mérito da proposta, da capacidade, da criatividade, da inventividade, em prol da conformidade. E se for uma pessoa questionadora? E se passou por situações difíceis com seus colegas, chefes ou antigos orientadores e professores? Queremos gente conforme, com atestado de conformidade. A academia é um ambiente conservador. Ultraconservador.

Até quando seguiremos utilizando cartas de recomendação em processos de seleção para a Pós-Graduação? (isso para não falar em diversos processos de empregos como professores e pesquisadores que também repetem a mesma ação). O que nós estamos estimulando e que mundo estamos construindo com nossas ações ligadas às cartas de recomendação?

SUGESTÃO:

- Acabar com a obrigatoriedade de cartas de recomendação em processos seletivos para Mestrados e Doutorados.

3. Mudança de orientador

A atribuição de um orientador é uma etapa importante em qualquer curso de Mestrado ou Doutorado. Às vezes ela acontece antes do início do curso; em outras já durante o percurso dos estudantes na Pós.

O estudante de Pós não é "do" orientador. Ele faz parte de uma instituição e, consequentemente, de um

PPG. A forma como naturalizamos dizer que o estudante é "nosso", e, da mesma maneira, o modo como os estudantes naturalizaram falar que são "de" determinado orientador, mostram a nossa dificuldade extrema com a institucionalidade no âmbito da Pós-Graduação. E isso traz impactos sérios.

Existem estudantes que sequer sabem da possibilidade de mudança de orientador. Outros que pensam que "vão se queimar", principalmente se tiverem aspirações acadêmicas: "todo mundo se conhece na academia".

Com isso, vai se fortalecendo a hierarquia, a subserviência, relações cafetinadas e, às vezes, violentas.

Estamos, enquanto integrantes de PPG, divulgando a possibilidade de mudança de orientador como algo natural e possível, tanto partindo dos estudantes quanto dos docentes? Estamos construindo canais para permitir essa solicitação sem a necessidade de "consentimento" da outra parte? Quando não há informações, procedimentos e regras claras, o processo fica à mercê de quem tem mais influência, gerando insegurança, medo e ampliando a possibilidade de violências e submissão/conformismo.

Mudança de orientador não é abandono, nem quando é solicitada pelo estudante, nem quando é solicitada pelo docente. Pensamos em abandono justamente por termos dificuldade em compreender a relação como de natureza institucional, por vivermos uma cultura acadêmica que trata o outro como nossa propriedade.

- *Mas eu trabalhei dois anos, orientei, e agora pra quê?*

- Querido professor, essa é uma parte do seu trabalho. Você trabalha também para isso, inclusive.

A orientação de estudantes está incluída nas atividades dos docentes. A mudança de orientador precisa ser vista como algo natural. Em determinados momentos é de um para o outro; às vezes, de outro para um. Até quando a troca de orientação seguirá sendo um processo doloroso, traumático? Quando vamos naturalizar e lidar de maneira tranquila com ela?

> Invente coisas criativas. Diga que os estudantes não podem mudar de orientação porque o regulamento não permite. Ou porque ninguém mais pesquisa aquele tema (e reforce o tema 1). Ou diga que precisa da assinatura do atual orientador (muitas vezes ameaçador). Ou ainda que isso será muito prejudicial para o estudante, que isso será mal-visto e que pode prejudicar cartas de recomendação futuras (e reforce o tema 2) e suas chances na vida acadêmica.

Como acontece a mudança de orientação no seu PPG? O aluno precisa da aprovação do orientador?

Você estimula a liberdade dos estudantes da Pós quanto à possibilidade mudança de orientação? A renunciarem à sua orientação? Ou considera que os orientandos são sua propriedade?

SUGESTÕES:

- O regulamento/regimento do PPG precisa prever a mudança de orientador como algo natural, especificando as etapas necessárias e os responsáveis por cada uma delas, dando transparência e segurança ao processo. Não é cabível necessitar de anuência nem do orientador nem do orientando para dar andamento ao processo.

- Construir um canal para que estudantes e/ou docentes solicitem a mudança de orientador, preferencialmente endereçada a uma comissão do PPG, que trate do assunto e já leve uma proposta de novo orientador para a reunião seguinte do colegiado do Programa para ratificação da decisão.

- Divulgação/comunicação da possibilidade de mudança de orientador para naturalizar o processo.

Reflexões

Abandono. Evasão. Desistências. Frustrações. Até mesmo suicídios. Burnout. Síndrome do impostor. Assédio. Competição.

Seja entre estudantes ou entre professores, por que a alegria é tão rara na Pós-Graduação?

É difícil não perceber como todas essas três propostas estão interconectadas. Se eu entendo o estudante de Pós-Graduação como alguém que vai trabalhar para mim, em um projeto meu, e não como uma pessoa autônoma, em construção do seu projeto autoral e do seu sonho, eu não tenho como abrir mão de cartas de recomendação, porque elas atestam a conformidade com o modo como as coisas "funcionam" no meio acadêmico. Ele se comportou bem? Desempenhou bem?

E se o estudante trabalha no meu projeto, e para o meu sonho, como eu vou encarar como natural ele sair da minha orientação no meio do curso e ir trabalhar em outro projeto, com outro orientador? Ele é minha propriedade! Até o seu tema de pesquisa é "meu"!

Em uma cultura na qual o orientador define o tema da pesquisa do estudante, reforça-se ainda mais o sentimento de propriedade, bem como a insegurança e a dependência por parte do estudante.

Em uma cultura na qual cartas de recomendação são elementos obrigatórios e utilizados, reforça-se ainda mais a conformidade, a subserviência e o medo.

Em uma cultura na qual a maioria dos integrantes de uma determinada área se conhece e frequenta os mesmos eventos, reforça-se a ideia de que não há para onde fugir e que é preciso fazer o que querem para poder ter alguma chance de ter acesso ao mundo sonhado e desejado.

Não refletimos sobre o nosso fazer acadêmico e o que nossas ações estimulam? Ou refletimos, mas estamos confortáveis com o que fazemos? O que nossas atitudes na Pós-Graduação estão suscitando? Que mundos constroem? Que mundos estamos construindo e estimulando com as nossas atitudes e ações? Você estimula a alegria? Autonomia? Espontaneidade? Autoria? Criatividade? Diferença? Ou só usa isso como tema de teorias e artigos?

Você enxerga que há vidas em jogo? Você enxerga que há outros sonhos em jogo? Você coloca os outros para trabalhar em função do seu sonho? Ou você estimula as pessoas a buscarem os sonhos delas, muitas vezes diferentes do seu sonho?

Você, enquanto orientador, também está preso no seu próprio cercadinho. Vira refém de sua ultra especialização enquanto torna outras tantas vidas reféns desse sistema sem alegria, sem tesão. Você também encaixota o seu tesão e a sua alegria. Ou a sua alegria e o seu tesão estão em conseguir mais citações e mais discípulos e/ou seguidores?

Burnout, síndrome do impostor, repetição... quantas vezes olhamos para os trabalhos que são desenvolvidos na Pós-Graduação e temos dificuldade em identificar trabalhos novos, desafiadores, questionadores, críticos, inovadores. Não é raro reparamos uma repetição sem fim do que já foi pesquisado ou desenvolvido. Parece uma linha de produção.

Onde fica a busca pelo novo, a abertura ao imprevisível, à invenção? O mundo está em movimento. A vida é o movimento, a transformação!

O que estamos fazendo na Pós-Graduação? Para que estamos aqui? Qual o nosso objetivo?

Por que agimos como agimos?

Por que pesquisamos como pesquisamos?

Por que nos relacionamos como nos relacionamos?

Por que orientamos como orientamos?

VOCÊ TOPA DEIXAR DE SER UM MESTRE DE MARIONETES?   83

Por que lecionamos como lecionamos?
Qual é o nosso objetivo na Pós-Graduação?
O que ainda está vivo na Pós? O que ainda pulsa?

A culpa é do produtivismo, a culpa é do sistema, a culpa é do capitalismo, do neoliberalismo que invadiu a universidade... Histórias e razões que amplificamos e usamos para justificar o que fazemos...

A culpa é sempre dos outros, mas deixe-me continuar sendo um mestre de marionetes.

E para não terminar o texto sem esquecer a música do Metallica (Master of puppets[16], Mestre de marionetes) que citei no início, aqui vai uma tradução livre de sua letra:

> Eu sou sua fonte de autodestruição
> Veias que pulsam com medo
> Chupando a mais escura clareza
> Comandando a construção da sua morte
> Experimente-me e você verá
> Mais é tudo que você precisa
> Dedicado para
> Como eu estou te matando
> Venha rastejando rápido
> Obedeça a seu mestre
> Sua vida queima rápido
> Obedeça a seu mestre
> Mestre

---

16   Hetfield, James; Ulrich, Lars; Burton, Cliff; Hammett, Kirk. Master of Puppets. Single do Metallica no álbum Master of Puppets, 1986.

Mestre de Marionetes
Eu estou controlando suas cordinhas
Retorcendo sua mente e esmagando seus sonhos
Cego por mim, você não pode ver nada
Apenas chame meu nome, pois eu o ouvirei gritar
Mestre
Mestre
Apenas chame meu nome, pois eu o ouvirei gritar
Mestre
Mestre
[...] Mestre, Mestre
Onde estão os sonhos que tenho procurado?
Mestre, Mestre
Você prometeu apenas mentiras
Risos, Risos
Tudo que ouço e vejo são risos
Risos, Risos
Rindo de meus gritos
Me conserte

5

AFETIVIDADE E VÍNCULOS NA PÓS-GRADUAÇÃO
uma autoetnografia a partir de vivências no mestrado e no doutorado

Rosiane Alves Palacios

Introdução

Desde os meus primeiros passos na iniciação científica (IC), ouvia falar que a pós-graduação era um ambiente desafiador. As pessoas utilizavam metáforas como: "a pós-graduação é uma selva onde é cada um por si"; "a pós é uma jornada solitária, lá não há amigos" ou mesmo, "seu único relacionamento na pós será com a sua dissertação/tese". Essas falas e relatos de pessoas que conheci na IC e na universidade, falando da pós-graduação, me fizeram ponderar a escolha por me tornar uma pesquisadora e pensar com ainda mais critério na hora de me inscrever para os processos seletivos do mestrado.

Minha preocupação ia além da aderência das linhas de pesquisa com os meus interesses, do programa ter boa avaliação junto ao Ministério da Educação (MEC), ter bons pesquisadores, uma sólida internacionalização e oportunidades de bolsas e projetos de pesquisa. O ambiente era um fator que eu queria poder considerar com cautela para me certificar de estar em um local acolhedor. Na universidade em que havia estudado até então (onde concluí duas graduações e uma especialização) vivenciei um ambiente cooperativo e amistoso onde fiz amizades que conservo até os dias de hoje. Pude aprender sozinha com leituras e atividades individuais, mas, também, com momentos em grupos de estudo; com a cooperação e onde os laços afetivos eram notáveis e faziam tudo ficar mais leve. Me questionava então o porquê de o ambiente e das vivências da pós-graduação terem de ser tão distintas das experenciadas na graduação.

A realidade é que o ingresso de um indivíduo em um programa de pós-graduação (PPG) prenuncia a vivência de uma jornada única e desafiadora. Viver a pós-graduação nos transforma como profissionais, mas também como sujeitos. Durante a formação acadêmica, além de atividades de desenvolvimento intelectual intensas, há também a necessidade de uma adaptação às estruturas e ao *modus operandi* implicados nesse ambiente que até então não conhecíamos. Na forma como estão organizados os PPGs existe uma série de ritos, rigores acadêmicos, demandas legais e requisitos a serem cumpridos, o que faz com que os alunos precisem adaptar-se a um novo universo educativo. No âmbito das organizações se estuda o papel de um bom clima para a saúde e bem-estar dos colaboradores. É relevante pontuar que ao ingressar no curso de doutorado, os alunos estão mais suscetíveis ao desenvolvimento de patologias psicológicas, principalmente depressão e ansiedade (KUENKA, 2021). Garcia da Costa e Nebe (2018, p. 2) falam que "existe ainda um grande tabu na sociedade em torno dos transtornos mentais, inclusive dentro da universidade, espaço o qual, pelo menos em teoria, deveria ser aberto ao diálogo". Emoções positivas, como o sentimento de pertencimento e curiosidade, contribuem para a motivação intrínseca, enquanto as emoções negativas, como a ansiedade e o estresse, podem ser barreiras. As emoções desempenham um papel crucial na motivação dos alunos de pós-graduação e na manutenção de seu envolvimento com as tarefas acadêmicas (FRANÇA, 2023).

Neste sentido, a partir de minha vivência enquanto pós-graduanda, desenvolvi estudo autoetnográfico que objetivou **analisar a relação entre afetividade e as situações vivenciadas ao longo da formação acadêmica**. A justificativa para a realização desta pesquisa está na necessidade de se olhar a pós-graduação desde outra perspectiva, mais acolhedora e humana. Os moldes da academia são insustentáveis a longo prazo e existe uma urgência em englobar a ética do cuidado (CORBERA *et al.*, 2020) e aspectos humanos, como a afetividade nas práticas educativas. Valentim (2016, p. 34) questiona "como construir formas de sociabilidade, de sentir, pensar, trabalhar e desejar mais voltadas à vida, sem olhar criticamente para o que se faz, para o como se age e para o que se estimula com nossas atitudes e relações?" Focar nas relações pode ser um dos caminhos na busca por uma outra pós-graduação.

Deste modo, busquei contribuir com os debates sobre as possibilidades de construção de um novo paradigma de relações interpessoais na pós-graduação, que possa impactar no ambiente acadêmico e, por consequência, na forma como se faz ciência.

Considerações sobre a afetividade

Os principais estudiosos dos aspectos da afetividade foram Henry Wallon, Jean Piaget e Lev Vygotsky. Para Wallon (1979), a afetividade é a habilidade dos indivíduos de afetar e serem afetados interna e externamente pelo ambiente e considerando-se que experimentam sensações agradáveis ou desagradáveis. Wallon abordou a conexão entre afetividade e desenvolvimento através da ótica do materialismo histórico e dialético, onde considerou que é a partir da emoção que a criança se comunica e interage com os demais, o que possibilita o seu desenvolvimento (NAUJORKS, 2000). Somente após os processos vivenciados na infância e adolescência é que a criança se torna a pessoa integral (o adulto). Porém, considera-se que o desenvolvimento dos seres humanos continua a ocorrer ao longo de toda a vida, sempre e quando exista uma dinâmica de diferenciação constante entre sujeito e meio (WALLON, 1979). Para o desenvolvimento da inteligência "é necessário um motor, que é o afeto" (BLANDO; GUDOLLE; FRANCO, 2023, p. 5).

Os muitos estudos da área da psicologia e da educação demonstram que a afetividade desempenha papel fundamental para o sucesso da educação infantil e séries iniciais do ensino básico. Wallon propôs que a afetividade permeia o desenvolvimento durante toda a vida mas, quando um indivíduo acessa o ensino superior, parece-nos que só lhe cabe estudar o conhecimento científico relacionado a área do conhecimento escolhida e é então que a dicotomia entre afetividade e ensino fica mais forte. Ou seja, o estudo do papel da afetividade nas séries do ensino durante o ensino superior fica marginalizado (BLANDO; GUDOLLE; FRANCO, 2023).

O ser humano é um ser social (CHAUI, 2013) e a afetividade permeia as relações sociais. Neste contexto, as relações afetivas podem influenciar a aprendizagem, até mesmo contribuindo para o insucesso acadêmico e podem acabar por interferir na permanência do discente no curso de ensino superior (BLANDO; GUDOLLE; FRANCO, 2023). Ao pensar a pós-graduação, que no Brasil ainda é relativamente jovem (GARCIA DA COSTA; NEBEL,

2018), é essencial pensar em um ambiente educacional enriquecedor e favorável. Olhando para a realidade das universidades a nível global e para as possibilidades que a pandemia de COVID-19 poderia fomentar, Corbera *et al.* (2020), consideram que adotar a cultura de cuidado nos ajudaria a redefinir novas prioridades da academia e que esse movimento resultaria em um ambiente mais respeitoso e sustentável a longo prazo.

Um ambiente mais acolhedor onde as pessoas formam laços pode propiciar a minimização de certos aspectos negativos. Cepellos (2023) aponta que quando há uma relação amigável, os trabalhadores tendem a estar menos suscetíveis a adoecimento emocional, pois têm suporte emocional de seus colegas que enfrentam as mesmas situações. Outro estudo que trata do ambiente acadêmico propõe que é possível que exista auxílio entre colegas e que este é até mesmo indispensável para a construção do conhecimento (FAGANELLO, 2023).

Falando sobre trabalho docente que está intimamente ligado com a pós-graduação, a pesquisa de Souza, Petroni e Andrada (2013) propõe que a afetividade embasa a construção identitária do trabalho. Porém, boa parte dos docentes ainda desconsidera o afeto como moderador do processo educativo. Quando a relação docente-discente é pautada pela afetividade promove-se uma melhor saúde mental dos discentes, e, na sua ausência, a saúde mental é prejudicada (OLIVEIRA, 2019). Há, portanto, uma relação entre afetividade e saúde mental. No livro Pedagogia da Autonomia, Paulo Freire (que teorizava a educação de jovens e adultos), propôs a prática de uma educação pautada em afetividade e diálogo:

> Na verdade, preciso descartar como falsa a separação radical entre seriedade docente e afetividade. Não é certo, sobretudo do ponto de vista democrático, que serei tão melhor professor quanto mais severo, mais frio, mais distante e "cinzento" me ponha nas minhas relações com os alunos no trato dos objetos cognoscíveis que devo ensinar. A afetividade não se acha excluída da cognoscibilidade (FREIRE, 2021, p. 140).

Quando a relação docente-discente não contempla a afetividade, as relações entre os próprios pós-graduandos podem ser um caminho promissor (FAGANELLO, 2023). Ter um ambiente cooperativo e amistoso entre os pares (alunos de pós-graduação) pode contribuir tanto para o percurso da formação (por exemplo: criação de grupos de estudos, auxiliar no melhor aproveitamento das disciplinas e publicações) quanto para minimizar aspectos que não são positivos na pós-graduação (por exemplo: síndrome do impostor, sintomas de ansiedade, pressão por produtividade e outros aspectos emocionais). Emoções positivas e negativas podem melhorar ou prejudicar os processos cognitivos, influenciando a aquisição e a retenção de conhecimento.

Escolhas metodológicas

Esse estudo foi desenvolvido na forma de uma autoetnografia que seguiu as recomendações de Chang (2008). A escolha por esse método foi motivada pela possibilidade de análise de minhas vivências enquanto sujeito dentro da pós-graduação. Esse tipo de pesquisa qualitativa pressupõe recordar, recontar e revelar acontecimentos combinando etnografia e autobiografia através de uma narrativa pessoal e que pode trazer luz a processos vivenciados de forma similar por outros pós-graduandos.

A pesquisa foi realizada a partir dos registros de um diário pessoal onde coloquei observações, pensamentos e sentimentos sobre minhas experiências cotidianas entre os anos de 2019 e 2023. Os dados analisados englobam vivências como mestranda e doutoranda em PPG em Administração de uma universidade brasileira. A partir da análise dos registros escritos foi possível revisitar e analisar acontecimentos que foram atravessados pela afetividade, bem como os desdobramentos que tiveram em minha trajetória como pós-graduanda.

Análise de dados e discussão

No Brasil, apenas uma pequena parcela da

população ingressa no ensino superior. Se olharmos para o âmbito da pós-graduação stricto sensu, conforme dados da Organização de Cooperação e Desenvolvimento Econômico, apenas 0,84% dos brasileiros com idade entre 25 e 64 anos ingressam no mestrado e 0,11% no doutorado (OCDE, 2022). Quando você opta por seguir a carreira acadêmica, muitas vezes você será a primeira pessoa entre seus amigos e família a estar nesse ambiente, e esse foi o meu caso.

Eu sabia que queria ser pesquisadora, minha orientadora da graduação me falava que eu levava jeito para a pesquisa, eu já tinha participado de eventos científicos, e de projetos de extensão e pesquisa. Porém, uma pequena parte de mim duvidava que o ambiente acadêmico fosse realmente para mim. Mesmo tendo sido aprovada em primeiro lugar na seleção do mestrado, tendo ganho bolsa integral (e posteriormente aprovada em duas seleções de doutorado), às vezes parecia apenas sorte estar me tornando uma pesquisadora. No início, existia expectativa e satisfação, mas também um sentimento incômodo que até o mestrado eu não sabia nomear. E era a tal *síndrome da impostora* – que eu só soube o que era após contar como eu me sentia a uma doutoranda da mesma instituição em que eu estudava. Ela acolheu o meu sentimento e falou sobre como ela também se sentia. Foi de uma forma amorosa e leve. Essa talvez tenha sido a primeira vez em que notei que a afetividade fez uma grande diferença na minha jornada de pós-graduanda e que me fez querer enfrentar o sentimento negativo para ter mais confiança, afinal, saber que não acontecia só comigo me fez me sentir um pouco "menos" impostora.

A síndrome do impostor foi descrita no final dos anos 1970 por Pauline Clance e Suzanne Imes e se refere a um fenômeno psicológico onde o indivíduo sente que é uma fraude intelectual (WILKINSON, 2020). Quanto mais o indivíduo ascende na carreira mais o sentimento de fraude se intensifica. Agora o meu sentimento tinha um nome, mas a ocorrência de certos episódios seguia reforçando a sensação de "não suficiência". Eu me esforçava muito para dar conta da carga de leituras dos artigos, preparava os seminários, trabalhos escritos e tarefas das disciplinas, estudava inglês e tratava de me adaptar ao universo da pós. Ao final do primeiro semestre as horas de trabalho se refletiram em boas notas. Não quero aqui adentrar no tema do sistema de avaliação, mas ter boas notas era mandatório para os alunos bolsistas, e ter boas notas em uma disciplina considerada "a mais difícil" do semestre era uma pequena vitória pessoal, mas que me rendeu sentimentos conflitantes.

Ao saber das notas de todos da turma, um de meus colegas, homem, que percebera que as três notas mais altas eram de mulheres, me disse que os bons resultados na disciplina se deviam ao fato de sermos "mulheres novinhas" pois "o professor era homem", insinuando o recebimento de algum benefício de nossa parte. Fiquei sem palavras e abalada com a situação e, no intervalo entre uma aula e outra, contei o ocorrido para minhas colegas mulheres. Houve uma indignação coletiva que culminou na ideia de confeccionar uma camiseta cuja estampa dizia "Leia, escreva e publique como uma mulher" e que passamos a usar com regularidade durante as aulas. A camiseta para mim era um símbolo de que aquele espaço também era meu. Nesse episódio, além de escuta e afeto, houve sororidade. Me senti vista e acolhida pelas minhas colegas.

Para Liedo (2022), a sororidade pode ser definida como uma aliança afetiva e política entre as mulheres, sendo também uma das ferramentas no combate ao machismo. A sororidade pode ser uma forma de afetividade. Nossas instituições são um reflexo da sociedade; as universidades são instituições que produzem e refletem valores das sociedades (WESTON; IMAS, 2018). Neste caso, o sexismo imbricado na sociedade também foi sentido na academia. Existe um discurso falacioso e estratégico de competição das mulheres nas relações afetivas e amorosas. Na ocasião do episódio das notas, minhas colegas (meus pares, muitas vezes vivenciando situações e experiências semelhantes no trabalho e na vida), demonstraram empatia e cooperação. E esse episódio foi apenas um dos muitos vivenciados em que a afetividade de colegas mulheres fez a diferença em como me sentia; e que me auxiliou a sentir que estava em um espaço ao qual eu pertencia.

No segundo semestre do mestrado, ao

partilharmos nossas inquietações sobre os conteúdos que estávamos estudando, surgiu a ideia de fazermos encontros semanais no período que antecedia às aulas, seja para ensaiar para a apresentação de seminários ou para estudar para as disciplinas: marcávamos os encontros conforme a necessidade. A maior inquietação coletiva do semestre era a análise de dados quantitativa. Uma mestranda mais adiantada no curso conseguiu um contato que se propôs a dar uma palestra. Ela era profissional da estatística, doutoranda em outro PPG e nos proporcionou um momento de tirar dúvidas e de falar sobre a apreensão que sentíamos em relação ao conteúdo. Nesta ocasião, vários alunos de turmas diferentes se juntaram pela oportunidade de uma aula de estatística e de análise quantitativa e o momento foi de trocas muito interessantes. A partir deste momento, o uso de grupos de *WhatsApp*, que já existiam como ferramenta de comunicação, se popularizou, não só para a minha turma, mas para o contato com outros alunos do PPG (o que se intensificou na pandemia de Covid-19).

O início do meu segundo ano letivo de mestrado coincidiu com o início da pandemia de Covid-19. A emergência sanitária fez com que as universidades fechassem suas portas por tempo indeterminado e com que tivessem de se adaptar em tempo recorde, muitas vezes passando a ofertar ensino remoto (CORBERA *et al.*, 2020). Em março de 2020, a universidade onde estudo optou por migrar as aulas e atividades para a modalidade remota. Neste semestre, que era o terceiro no mestrado, havia eventos importantes como o exame de qualificação do projeto de dissertação e a realização do estágio docente. Até o momento eu nunca havia estudado remotamente, essa foi a minha primeira experiência e havia frustração em ter de vivenciar meu estágio docente de forma online, pois estagiei em uma disciplina que foi estruturada para ser uma disciplina prática. Principalmente no ano de 2020, o clima de incerteza era grande tanto em relação à operacionalização de nossas pesquisas quanto em nossas vidas pessoais. O medo do contágio por Covid era muito forte, o estresse do confinamento longe da família aguardando que a qualquer momento a universidade pudesse retomar a presencialidade também. Ainda havia o peso de uma carga de leituras que eu fazia, em grande parte, na ânsia de aproveitar o tempo confinada em casa, e a divisão entre tempo de trabalho e tempo de descanso por um longo tempo não estavam muito claras para mim. Foi um momento de muita frustração e estresse. A pandemia foi, sem dúvidas, um período sem precedentes para a nossa geração (DOS SANTOS; TEIXEIRA, 2022). Ansiedade e depressão se intensificaram durante o isolamento (OPAS, 2022) e para o público da pós-graduação, que já tem maior tendência a sofrer com essas patologias emocionais (KUENKA, 2021), o período foi delicado. As importantes restrições sanitárias afetaram o trabalho, o que também se refletiu em relação à afetividade, e as pessoas procuraram apoiar-se em familiares e amigos e em suas comunidades (OPAS, 2022).

Nesse sentido, fazia chamadas de vídeo com colegas onde costumávamos enviar reações nas ferramentas de videochamadas como aplausos e corações. Conversávamos muito pelo *WhatsApp* e compartilhávamos *memes*. Em um grupo de colegas, combinamos de ler os projetos uns dos outros para ajudar no que fosse possível, já que não mais havia as "conversas de corredor" onde muitas vezes podíamos expressar nossas angústias em relação à pós e compartilhar nossas dúvidas. As conversas com os colegas me faziam manter uma sensação de acolhimento mesmo que à distância e de seguir pertencendo ao espaço da pós mesmo online. Meu exame de qualificação foi remoto e o meu projeto de pesquisa (que previa coleta de dados *in loco*) teve de ser redesenhado. Redesenhar a pesquisa em virtude da pandemia foi pessoalmente muito frustrante. Neste momento, sem poder ir a campo, contando sobre a situação a uma colega de grupo de pesquisa, ela se ofereceu para contatar a gestora de um projeto que conhecia e parecia fazer sentido para a pesquisa. Então, como não podia ir pessoalmente, com ajuda dos contatos pude encontrar um caso interessante para estudar. Concluí a dissertação e o mestrado em 2021, já tendo iniciado as aulas do doutorado.

A seleção de doutorado ocorreu ainda em 2020, na fase de coleta de dados e início das análises da dissertação. De 2019 a 2020 o governo federal reduziu significativamente as bolsas da Fundação Coordenação de Aperfeiçoamento de Pessoal de Nível Superior – CAPES

(ANDES-SN, 2020). A incerteza de bolsas para cursar o doutorado me fez optar por participar de dois processos seletivos visando ingressar no curso cujo PPG garantisse uma bolsa. É sabido que além da performance acadêmica, a questão financeira intensifica o rol das preocupações dos pós-graduandos (FRANÇA, 2023). Eu já havia criado vínculos no PPG e tinha receio sobre como seria o ingresso em outro. Fui contemplada com bolsa da modalidade taxa de mensalidade da universidade, pois não havia suficientes bolsas integrais, e continuei no PPG onde fiz o mestrado.

Cursar o mestrado me preparou e motivou para enfrentar as demandas do doutorado. Porém, a vida acadêmica atravessa e é atravessada pela vida pessoal e, muitas vezes, os PPGs desconsideram esse aspecto (FRANÇA, 2023). Isso pode fazer com que as pessoas desistam de concluir a pós-graduação ou que sequer cogitem ingressar. As instituições de ensino parecem não acompanhar esse movimento, apesar de que já debatem até mesmo a falta de alunos nos bancos das universidades (CORBERA et al., 2020). A primeira metade do meu doutorado foi marcada por questões de saúde e perdas familiares. Mais uma vez, ligações com colegas e mensagens de apoio foram fundamentais para que eu me fortalecesse e enfrentasse as situações vivenciadas (tanto as pessoais quanto as vividas no PPG). Além dos diversos desafios impostos ao frequentar o ambiente acadêmico, ao optar por realizar mobilidade os desafios podem ser amplificados.

Vivenciar uma mobilidade acadêmica compreende três fases: antes, durante e depois da experiência e, via de regra, as universidades não acompanham os alunos em internacionalização (PÉRICO; GONÇALVES, 2018). No ano de 2023 realizei duas mobilidades internacionais: uma como assistente de pesquisa (de quatro meses na África) e outra na modalidade de estágio doutoral (doutorado sanduíche de seis meses na Europa). A realização dessas duas mobilidades era uma meta pessoal e elas demandaram uma grande preparação, seja de adequação e concorrência em editais de financiamento, documentação, financeira, de exames internacionais de proficiência em idiomas e da preparação emocional para passar quase um ano longe do Brasil, da família e amigos. Nesse processo conheci várias pessoas, em especial duas doutorandas que também estavam em mobilidade internacional e foram de suma importância para o meu processo de preparação, ida e adaptação nos locais de destino. Descobri a existência de comunidades no Facebook que servem como espaço de troca de experiências, dicas e de escuta para os doutorandos que fazem sanduíche com bolsa CAPES, por exemplo.

Adaptar-se à vida em outro país, mesmo que por um prazo determinado, pode não ser uma tarefa fácil. Depende em parte do momento de vida em que cada pessoa se encontra e da amplitude de semelhanças e diferenças do país natal com o país de destino. No meu caso, início, meio e fim foram permeados pela afetividade. Durante o estágio de doutorado sanduíche pude conhecer e criar vínculos mais próximos com outros doutorandos brasileiros e mestrandos de diversas universidades e nacionalidades. A troca de experiências, vivências e momentos de lazer foram importantes para minha adaptação e saúde mental. Tive de fazer a qualificação do projeto de doutorado remotamente. E qualificar longe dos entes queridos foi um pouco mais leve pois também havia laços afetivos na universidade onde eu me encontrava no momento. Também tive muitos amigos, colegas e familiares conectados por videochamada.

Vivenciei estas e outras várias situações no ambiente da pós-graduação, onde a afetividade me fez enxergar que existem outras possibilidades, tanto nos PPGs quanto nas minhas práticas enquanto pesquisadora e professora. Conforme França (2023), existe uma sucessiva e negativa reprodução de valores e práticas abusivas vivenciadas e aprendidas durante a pós-graduação. Quando relações entre docente e discente são complicadas, e sequer a relação entre alunos (os pares) é positiva, pode ficar ainda mais difícil de romper com o sistema que não contribui para a saúde emocional. Com base nas recomendações de Freire (1970), argumento que quando alunos que foram oprimidos, passaram por situações de abuso, sexismo, entre outros, não atuam para modificar a realidade fica mais difícil romper o círculo de abusos e opressões. Os doutorandos de hoje são os pesquisadores, professores e coordenadores de curso de amanhã e são essas as pessoas que podem transformar os espaços da pós em mais acolhedores e amorosos. A afetividade, portanto, pode sim ser uma das respostas para a mudança do atual paradigma da pós-graduação.

Considerações Finais

Com base nos relatos e análises feitos a partir das minhas vivências, considero que a afetividade perpassa a constituição do meu "eu pesquisadora". Minha experiência na pós-graduação teve desafios mas, de maneira nenhuma, foi uma experiência solitária. Manter vínculos com colegas e com pós-graduandos de outras universidades me proporcionou conhecer outras realidades, apoiar e ser apoiada em momentos sensíveis. As experiências afetivas positivas vividas ao longo do mestrado foram fundamentais para que eu decidisse seguir na pós-graduação, ingressasse no doutorado e para que pudesse lidar melhor com a síndrome da impostora e seus desdobramentos.

A afetividade está comprovadamente relacionada à inteligência e à motivação. Porém quase que ignoramos seu papel nas práticas educativas no ensino superior. Essa postura, via de regra, diverge fortemente dos moldes da educação básica, onde a afetividade tem um papel crítico nos processos de aprendizagem. Se a afetividade é vista como indispensável por toda a vida mas, no mais alto grau educativo ela é vista como dispensável, existe aí um gargalo. Sabemos que as instituições reproduzem os valores da sociedade, logo, uma das possibilidades de se entender o porquê de a pós-graduação adotar determinadas condutas é olhar para aspectos sociais. Vários fatores podem estar relacionados à essa questão, até mesmo a forma como socializamos dentro dos espaços tidos como formais, olhando para aspectos comportamentais e cognitivos individuais e coletivos. Porém, pode ser interessante refletir também sobre o modo de produção imbicado no sistema econômico atual que reflete na nossa sociedade e também na pós-graduação.

Existe uma interconexão entre a afetividade e a saúde mental. Enfatizo o potencial que as relações afetivas podem trazer ao pós-graduando. A afetividade pode contribuir para um melhor aprendizado e aproveitamento e para um ambiente mais acolhedor e saudável na pós-graduação. Neste contexto, destaco que olhar para o exercício da afetividade pode: (a) nos auxiliar a explorar a estrutura teórica da afetividade na educação no contexto pós-graduação; (b) nos ajudar a entender o impacto das emoções no desempenho acadêmico, na motivação e no bem-estar; (c) entender o papel dos relacionamentos interpessoais e das redes de colaboração (mediadas pela afetividade) entre os pares; (d) auxiliar no reconhecimento e manejo de fatores estressantes que podem afetar negativamente o bem-estar dos alunos de pós-graduação; e, (e) nos ajudar a formular recomendações e boas práticas para promover um clima emocional positivo nos programas de pós-graduação.

O quanto poderíamos ganhar em qualidade de vida, saúde mental e até mesmo produtividade ao pensar em relações acadêmicas mais afetuosas?! Como recomendação para práticas e estudos futuros seria interessante que programas de pós-graduação ou pró-reitoras pensassem em formações e treinamentos sobre boas práticas e sobre aspectos da saúde mental que envolvem socialização principalmente para seus colaboradores (técnicos educacionais e docentes). Para pesquisas futuras seria interessante examinar os aspectos relacionados à dinâmica de afetividade em outras relações coma a relação entre orientador e orientando enfocando como o suporte emocional e as condutas de orientação podem contribuir para com o bem-estar dos alunos de pós-graduação e para o sucesso acadêmico.

Referências

ANDES-SN. **Portaria da Capes corta bolsas de diversos programas de pós-graduação**, p. 1-5, 2020. Disponível em: https://www.andes.org.br/conteudos/noticia/portaria-da-capes-corta-bolsas-de-diversos-programas-de-pos-graduacao1

BLANDO, Alessandra; GUDOLLE, Lucas Socoloski;

FRANCO, Fabiane Cristina Pereira Marcilio Sérgio Roberto Kieling. Afetividade na educação superior: um estudo de caso. **Revista Brasileira de Educação**, v. 28, p. 1–15, 2023.

CEPELLOS, Vanessa. Amizade no trabalho diminui risco de burnout e ajuda impulsionar carreira, In. **Folha de São Paulo**. 2023. Recuperado de https://www1.folha.uol.com.br/equilibrio/2023/07/amizade-no-trabalho-diminui-risco-de-burnout-e-ajuda-impulsionar-carreira.shtml

CHANG, Heewon. **Autoethnography as Method**. West Coast Press. 2008.

CHAUI, Marilena. **O ser humano é um ser social**. São Paulo: WMF Martins Fontes Ltda., 2013.

CORBERA, Esteve et al. Academia in the Time of COVID-19: Towards an Ethics of Care. **Planning Theory and Practice**, v. 21, n. 2, p. 191–199, 2020. Disponível em: https://doi.org/10.1080/14649357.2020.1757891

DOS SANTOS, Priscilla Ribeiro; TEIXEIRA, Alex Niche. As sociologias da pandemia: contribuições sobre a Covid-19 e sociedade. **Sociologias**, v. 24, n. 60, p. 18–30, 2022. Disponível em: https://doi.org/10.1590/18070337-126449

FAGANELLO, Claucia Piccoli. É possível uma ciência da Administração mais amorosa? In: Valentim, Igor Vinicius Lima; Faganello, Claucia Piccoli (Orgs.). **Metodologias Ativas na Pós-Graduação**: Escuta, curiosidade e amor. Rio de Janeiro: ComPassos Coletivos, 2023. https://doi.org/10.5281/zenodo.8139510

FRANÇA, Michael. Quando universidades destroem estudantes: abuso de poder no ambiente universitário é algo recorrente, In. **Folha de São Paulo**. 2023 Recuperado de https://www1.folha.uol.com.br/colunas/michael-franca/2023/12/quando-universidades-destroem-estudantes.shtml

FREIRE, Paulo. **Pedagogia do Oprimido**. 17. ed. Rio de Janeiro: Paz e Terra, 1970.

FREIRE, Paulo. **Pedagogia da autonomia**. Saberes necessários à prática educativa. São Paulo: Paz e Terra, 2021.

GARCIA DA COSTA, Everton; NEBEL, Letícia. O quanto vale a dor? Estudo sobre a saúde mental de estudantes de pós-graduação no Brasil. **Polis** (Santiago), v. 17, n. 50, p. 207–227, 2018. Disponível em: https://doi.org/10.4067/s0718-65682018000200207

KUENKA, Barbara Sant'ana. O Impacto da Pós-Graduação Stricto Sensu sobre o Estado de Saúde Mental do Brasileiro. **Revista Economia Ensaios**, v. 36, n. 2, p. 1983–1994, 2021. Disponível em: https://doi.org/10.14393/ree-v36n2a2021-56061

LIEDO, Belén. Juntas y revueltas : la sororidad en el feminismo. Recerca. **Revista de Pensament i Anàlisi**, v. 27, n. 2, p. 1–22, 2022.

NAUJORKS, Maria Inês. Henri Walon: por uma teoria dialética na educação. **Cadernos Educação**, n. 16, 2000.

OCDE. **Education at a Glance 2022**: OECD Indicators, OECD. Disponível em: https://doi.org/10.1787/3197152b-en.

OLIVEIRA, Amanda Lima de. RELAÇÃO PROFESSOR-ALUNO: a afetividade como promoção da saúde mental dos acadêmicos. **REP's - Revista Even. Pedagóg.**, v. 10, n. 2, p. 700–710, 2019. Disponível em: https://doi.org/10.30681/2236-3165

OPAS. Pandemia de COVID-19 desencadeia aumento de 25% na prevalência de ansiedade e depressão em todo o mundo. **Organização Pan-Americana de Saúde**, p. 1–5, 2022. Disponível em: https://www.paho.org/pt/noticias/2-3-2022-pandemia-covid-19-desencadeia-aumento-25-na-prevalencia-ansiedade-e-depressao-em

PÉRICO, Franco Gatelli; GONÇALVES, Roberto Birch. Intercâmbio acadêmico: as dificuldades de adaptação e de readaptação. **Educação e Pesquisa**, v. 44, n. 0, p. 1-21, 2018. Disponível em: https://doi.org/10.1590/s1678-4634201844182699

SOUZA, Vera Lucia Trevisan de; PETRONI, Ana Paula; ANDRADA, Paula Costa de. A afetividade como traço da constituição identitária docente: o olhar da Psicologia. **Psicologia & Sociedade**, v. 25, n. 3, p. 527-537, 2013.

VALENTIM, Igor Vinicius Lima. Cafetinagem Acadêmica: Alguém Tem Medo De Pesquisar As Relações Acadêmicas? **Polêm!ca**, v. 16, n. 3, p. 19-36, 2016. Disponível em: https://doi.org/10.12957/polemica.2016.25200

WALLON, Henry. **A Psicologia e educação da criança**. Lisboa: Veja Editora. 1979

WESTON, Alia; IMAS, Miguel J. Resisting Colonization in Business and Management Studies: From Postcolonialism to Decolonization. In: **The SAGE Handbook of Qualitative Business and Management Research Methods**. London: Sage Publications, 2018. p. 119-137.

WILKINSON, Catherine. Imposter syndrome and the accidental academic: an autoethnographic account. **International Journal for Academic Development**, v. 25, n. 4, p. 363-374, 2020. Disponível em: https://doi.org/10.1080/1360144X.2020.1762087

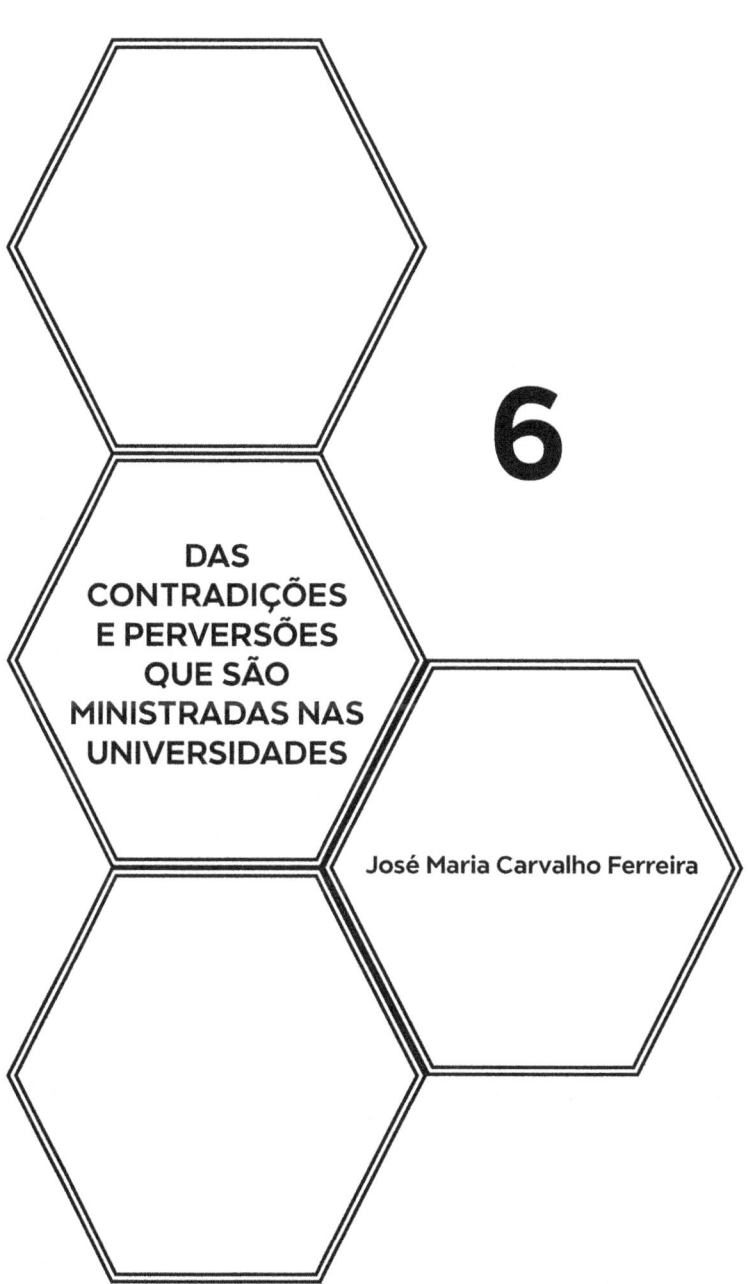

6
DAS CONTRADIÇÕES E PERVERSÕES QUE SÃO MINISTRADAS NAS UNIVERSIDADES

José Maria Carvalho Ferreira

Da generalidade das análises que decorrem da prática histórica do ensino e pesquisa envolvendo a pós-graduação sobressai, quase sempre, o valor heurístico das estruturas e funções científicas das universidades, adquiridas pelo seu estatuto hierárquico de uma formação e pesquisa superior, relativamente, ao modelo científico que é ministrado no nível da formação e pesquisa da graduação que é ministrada pelas mesmas universidades. Os pressupostos dessa relação hierárquica residiam e residem nos pressupostos de que nos cursos de graduação os conteúdos epistemológicos e metodológicos de pesquisa e formação são pautados por níveis inferiores de conhecimento científico. Perante este quadro institucional e formal de conhecimento científico, as pós-graduações emergem com relativa naturalidade num contexto histórico de expansão das necessidades do mercado, como ênfase na expansão e apogeu do capitalismo, das universidades e respetivas sociedades, depois da segunda guerra mundial. Se a pós-graduação tinha pouca incidência na vida quotidiana das universidades, a partir de então a sua visibilidade social traduz-se, enormemente, na procura de formação e pesquisa conducente à obtenção do grau de mestre e de doutor.

Este nível de institucionalização e de formalização científica adotado, historicamente, pelas universidades, só começou a ter expressão social a partir dos finais do século XIX em função das necessidades das competências profissionais do Estado e do capitalismo. As exigências de hierarquização e legitimação dos saberes científicos e profissionais adquiridos pelas licenciaturas ou bacharelados das universidades revelavam-se insuficientes para as necessidades do mercado. Desde então, a proliferação das pós-graduações ao nível do mestrado e do doutorado tornaram-se uma realidade bastante contingente aquando da emergência dos trinta gloriosos do capitalismo de 1945 a 1975. Quando as hipóteses históricas de formação da pós-graduação ocorrem, virtualmente, com o aparecimento das Tecnologias de Informação e Comunicação (TICs), assiste-se a uma potenciação generalizada de acesso aos graus de mestre e doutor.

Todo este processo histórico de criação e

desenvolvimento de cursos de pós-graduação é atravessado por uma série de conflitos e contradições de natureza científica, social e pedagógica. Interessa sobremaneira destacar as contradições e os conflitos que radicam ao nível das relações e interações sociais subsistentes entre professores, alunos e funcionários, mas também entre professores e entre estes e a administração das universidades. Evidentemente que também existem conflitos de natureza política, ideológica e religiosa que também informam as essências da produção científica dos mestrados e doutorados. Para analisar o que já expus, basta-me diagnosticar os seguintes aspectos:

1. A especificidade da pós-graduação no quadro das necessidades do Estado e do capitalismo;
2. Dos trinta gloriosos anos do capitalismo à emergência das TICs;
3. Pedagogia e Ciência Virtual na era da Pós-Graduação.

1. A especificidade da pós-graduação no quadro das necessidades do Estado e do capitalismo

Segundo os estudiosos que se têm debruçado sobre as origens das universidades, elas têm lugar, historicamente, 3500 A.C., no Egipto e, mais tarde, na antiga Grécia, na Ásia e na África. Seja em que contexto as possamos analisar elas personificam a análise e a reflexão humanas, maioritariamente, filosófica e teológica, com pretensões de se distanciar e superiorizar dos saberes empíricos do senso comum. Daqui se desenvolve o modelo clássico universitário que ainda hoje perdura com base nas razões instrumentais da ação do Estado, da Religião e dos modelos de sociedade contrastantes, com predominância para o capitalismo. O padrão atual das universidades, se bem estruturado como produção, distribuição, troca e consumo de bens e serviços científicos no mercado mundial, as suas raízes têm o seu início nos séculos XI e XII na Europa medieval, com incidência nas áreas científicas do Direito e da Teologia. A legitimação e institucionalização das suas funções primavam pela dependência e financiamento do Estado e da Igreja. Ainda que parte da nobreza estivesse ligada a esse processo histórico de forma privilegiada, no fundo, para ela o que lhe interessava inseria-se na obtenção de "status" e prestígio através dos cursos de graduação que eram ministrados nas universidades de antanho. Evidentemente que para os estratos sociais resultantes de baixa condição socioeconómica, política, social e cultural, bem como para os de estratos sociais dependentes e escravizados pelo feudalismo, não havia quaisquer hipóteses de frequência de cursos de graduação ou de pósgraduação.

Por razões históricas de origem, sustentabilidade e continuidade histórica das universidades, as graduações são a sua razão dos conteúdos científicos que primavam por epistemologias e metodologias correlacionadas com os imperativos jurídicos, executivos e legislativos do Estado e dos modelos de sociedade vigentes no passado. No sentido estrito do termo, depreende-se que os objetos científicos das estruturas curriculares das disciplinas científicas dos bacharelatos e licenciaturas estavam em conformidade com as necessidades de competências e qualificações profissionais, em correlação estreita com as estruturas e funções da divisão social do trabalho, da autoridade hierárquica formal, do processo de tomada de decisão e do processo de liderança articulados com o processo e a organização do trabalho de todas as instituições e organizações da sociedade e do Estado.

Nesta perspetiva histórica do nascimento e evolução das universidades nos cinco continentes do planeta Terra é de todo plausível que no seu início não existia qualquer tipo de configuração ou modelo institucional científico e pedagógico para além de um número reduzido de graduações, circunscrito à filosofia, teologia e direito. No sentido substantivo do termo, as estruturas curriculares das licenciaturas e dos bacharelatos eram baseadas nas ciências sociais e humanas, se bem que de forma residual a matemática, a física e medicina já informassem, de maneira embrionária, os conhecimentos científicos das ciências exatas. Por outro lado, não se pode escamotear a força estruturante do mercado no sentido lato do extremo que necessitava de perfis profissionais de estudantes formados nas universidades.

Com a passagem do século XIX para o século XX assiste-se à expansão do capitalismo na Europa e no continente Americano, e em menor grau nos continentes Asiático, Africano e na Oceânia. Em consonância com esta evolução surgem novas exigências de conhecimento científico determinadas pela criação e desenvolvimento de qualificações e competências de profissões adequadas ao funcionamento do Estado, mas também e sobretudo da expansão do mercado e do capitalismo, expressa no crescimento de empresas sediadas nos setores industrial, comercial e agrícola. Em sintonia com esse processo histórico, assiste-se à expansão do processo de urbanização das sociedades. Todos estes fatores, sem exceção, concorrem para a criação e desenvolvimento de universidades, já não como um espaço-tempo de formação de elites confinadas aos privilégios e prerrogativas da nobreza, da igreja e funções do Estado-Nação da Idade Média, mas, desde então, alargados às exigências de formação numa multiplicidade de especificidades do trabalho assalariado no contexto de sociedades modeladas pelo expansão do capitalismo. As estruturas curriculares das licenciaturas e bacharelatos das universidades, assim como os conteúdos científicos e pedagógicos das mesmas, foram constrangidos a evoluir no sentido da criação e aprendizagem de qualificações e competências profissionais cujos saberes estavam sujeitos, cada vez mais, ao crivo da oferta e procura do mercado, de uma formação baseada na matemática, física, química, medicina, economia, administração, etc.

A sistematização deste modelo universitário de graduação pelos cinco continentes revelou-se, historicamente, autossuficiente para as universidades que centravam a sua ação nas modalidades de pesquisa e formação inerentes aos diferentes cursos da pós-graduação. Com o fim da segunda guerra mundial e a potenciação do desenvolvimento e crescimento económico operado pelo capitalismo, emergiram novas necessidades de formação e pesquisa científica, dando azo à criação de cursos de pós-graduação de mestrado e doutorado nas universidades. As razões plausíveis desse facto residem no estádio de necessidades de desenvolvimento do capitalismo à escala mundial e na natureza intrínseca das exigências do processo científico identificado com as qualificações e competências profissionais envolvidas no processo e na organização do trabalho das empresas, instituições e organizações da sociedade civil e do Estado. Destas ilações podemos desenvolver uma análise que se pode resumir na instrumentalização e identificação de tipologias circunscritas à divisão social do trabalho, autoridade hierárquica formal, processo de tomada de decisão e processo de liderança reportados ao funcionamento normativo de quaisquer universidades e, por arrastamento lógico, como é pacífico deslumbrar, da diversidade de formações a nível mundial. Como já referi, esta formação e pesquisa estão em sintonia íntima com os objetivos e interesses de qualquer empresa, organização ou instituição da sociedade civil e do Estado.

No sentido amplo do termo é passível visualizar as contradições e os conflitos dos processos de socialização comportamental envolvendo professores, alunos e funcionários diretamente reportados à formação e pesquisa, que são objeto de realização universitária na pós-graduação. No que concerne à divisão social do trabalho, parte-se de um conjunto de princípios inquestionáveis que não são, necessariamente, livres, criativos e justos. As relações entre professores, alunos e funcionários são onipresentes, omniscientes e omnipotentes, são inquestionáveis e imperativas na sala de aula, mas também no processo de pesquisa e formação que envolve a realização de teses de mestrado e de doutorado. Ao aluno e ao funcionário, embora de modo diferente, basta-lhes acatar esses poderes do professor e obedecer de uma forma passiva e obediente. Daqui resulta que esta divisão social do trabalho é correlacionada, legitimada e outorgada pelas instituições de educação do Estado e da sociedade civil para esse efeito. A autoridade hierárquica formal adquirida pelos professores universitários dá-lhes poder e dinheiro e prerrogativas de decisão e de liderança no funcionamento das universidades que se traduzem na dominação e exploração dos estudantes e funcionários.

Sem conhecer, rigorosamente, aquando da emergência histórica das pós-graduações nos vários domínios científicos das universidades, partindo do princípio que as mesmas só passam a assumir uma relativa legitimidade institucional científica quando as necessidades do mercado o exigem competências e qualificações profissionais mais complexas e abstratas, quer para executar funções no Estado, quer para executar tarefas nas empresas, organizações e instituições da sociedade civil. Digamos que devido à potenciação das ações e funções do Estado e do capitalismo, nos princípios do século XX, a pós-graduação passa a estar na ordem do dia da vida quotidiana das universidades, dando azo a novas relações sociais e processos de socialização entre professores, estudantes e funcionários, com base em mudanças na divisão social do trabalho, na estrutura hierárquica da autoridade formal, no processo de tomada de decisão e no processo de liderança.

2. Dos trinta gloriosos anos do capitalismo à emergência das TICs

No que concerne a historicidade do capitalismo conjugada à emergência das TICs, já podemos afirmar, com alguma veemência e consistência, que o seu apogeu incidiu no período de 1945 a 1975, sem que as mesmas tivessem uma influência estruturante nesse processo. Essa potenciação do capitalismo e, logicamente, do Estado incidiu, basicamente, em três domínios. Na objetivação da produção, distribuição, troca e consumo de inputs e outputs de natureza material, em que a denominação de sociedade automóvel foi simbolizada por análises e reflexões de diferentes tipos. Em segundo lugar, a criação de um Estado de Bem-Estar Social traduziu-se no aumento de salários, criação de um sistema de reformas, de instituições de saúde e de educação, assim como na criação de outras regalias sociais, económicas, políticas e culturais. Estas mudanças atravessaram toda a sociedade e como é lógico constatar, por arrastamento, diminuíram a conflitualidade e as contradições que subsistiam entre o capitalismo e a classe operária, ao mesmo tempo que atenuavam a apetência histórica desta última de enveredar por revoluções semelhantes à que tinham ocorrido na URSS. Em terceiro lugar, todos os fatores sublinhados estimularam que as classes sociais exploradas e desfavorecidas enveredassem por estratégias de educação e promoção dos seus filhos a fim de poderem evoluir na escala de estratificação social das sociedades vigentes onde o capitalismo já era bastante desenvolvido.

Deste contexto denominado "os trinta gloriosos anos do capitalismo" (1945-1975), sobressaem também a criação e a proliferação de novas universidades para facultarem a formação de aprendizagem de novos saberes científicos articulados com as necessidades de competências e qualificações dos setores agrícola, comercial e industrial. Das ciências exatas podemos citar Engenharias, Matemática, Física, Química, Arquitetura, Biologia, Contabilidade, Astronomia, Medicina, etc. Das ciências sociais e humanas para além das áreas científicas antigas, como eram os casos da Teologia, Direito e Filosofia, foram incrementados a História, Antropologia, Economia, Sociologia, Psicologia, Administração, Geografia, Literatura, Arqueologia e Ciência Política.

Esta expansão galopante da graduação das universidades em correspondência direta com as necessidades do mercado e do Estado depressa se esgota nos limites de formação e pesquisa nas sua exigências epistemológicas e metodológicas científicas, no que concerne os conteúdos e formas subjacentes ao processo de organização do trabalho das universidades, envolvendo as relações sociais entre professores, alunos e funcionários diretamente reportados à produção, distribuição, troca e consumo de bens e serviços. Para preencher estes requisitos não bastava aumentar o número de alunos que frequentavam as graduações em cada especialidade das ciências exatas, das ciências sociais ou das ciências humanas. O modelo já antes seguido para hierarquizar os diferentes saberes científicos das universidades, que tinha constrangido a criação da pós-graduação, fez desta uma resposta histórica às exigências do mercado. Na sua legitimidade institucional e formal, se bem que tenha sido uma resposta marginal às vicissitudes do mercado, a sua criação assumiu uma plausibilidade histórica pacífica assente num espaço-tempo de pesquisa e formação científica original confinado às figuras de mestrado e doutorado.

Desde então, os cursos de mestrado e de doutorado assumiram uma plenitude instrumental no contexto dos trinta gloriosos anos do capitalismo. Para os devido efeitos, tornam-se um trampolim para o exercício de profissões na autoridade hierárquica formal do Estado, das empresas e de outras instituições da sociedade civil. Daqui decorre que as pós-graduações das universidades são também um elemento estruturante da estratificação social dos estudantes no sentido da mobilidade social ascendente.

Quando na década de 1970 se assiste à emergência histórica das TICs, pautadas pelo acesso e a interação humana com a informática e as máquinas, ferramentas de comando numérico e, progressivamente, mais tarde, pela biotecnologia, biociência, tecnociência, internet, nanotecnologia, robótica, telemática, inteligência artificial, redes sociais, etc., na realidade estamos perante uma transformação inaudita dos elementos de pesquisa e de formação científica nas universidades. A produção e socialização da informação e do conhecimento científico, até então polarizadas na ação individual e coletiva concreta de professores, alunos e funcionários, com as TICs assiste-se à virtualização desse processo, configurado por linguagens científicas virtuais automatizadas, complexas e abstratas. O mundo do contexto real da co-presença física na sala de aula, da biblioteca e outros espaços públicos das universidades deixa de ser o lugar privilegiado para atender as necessidades dos estudantes da pós-graduação no que toca à sua pesquisa, como também ao espaço-tempo confinado à orientação dos professores, assim como das funções técnicas e administrativas prestados pelos funcionários.

Nesta situação de contingências das TICs, qualquer função de pesquisa e formação universitária balizada pela estrutura hierárquica da autoridade formal, da divisão social do trabalho, processo de tomada de decisão e processo de liderança esbarra, inevitavelmente, na rigidez formal e institucional das interações e relações sociais de co-presença física clássicas. Daqui se deduz que não estamos mais em relações sociais concretas e objetivas entre professores, alunos e funcionários, mas num espaço-tempo virtual e subjetivo entre seres humanos e TICs que se traduz na produção, distribuição, troca e consumo de bens e serviços científicos, cuja essência de "inputs" e "outputs" são informação, conhecimento e energia humana virtualizada e automatizada. Evidentemente que, nestas condições, o processo de aprendizagem e de formação dos mestrandos e doutorandos são objeto de grandes mudanças, sendo que as relações sociais e os processos de socialização entre professores, alunos e funcionários doravante só podem ser viabilizados desde que emerja a horizontalidade e autonomia comportamental dos diferentes atores que operem no espaço-tempo virtual das pós-graduações. Nesta assunção digamos que a autonomia e a liberdade criativa dos professores, alunos e funcionários são possíveis desde a sua capacidade cognitiva, emocional e energética sejam espontâneas e informais, o que manifestamente colide com o formalismo das estruturas da autoridade hierárquica formal, controlo e decisão dos professores e administração das universidades. Neste contexto, a liberdade e criatividade inerente à codificação e as descodificação das linguagens que enformam a informação e o conhecimento científico das estruturas curriculares das disciplinas e os projetos de pesquisa das teses de mestrado e de doutorado, vão emergir, inevitavelmente, como força estruturante da construção de objetos científicos virtuais exigindo-se maior autonomia e criatividade individual por parte dos diferentes atores que intervêm nos processos de pesquisa e formação das pós-graduações das universidades.

Se bem que a pós-graduação das universidades fosse um requisito fundamental para dar sustentabilidade, expansão e inteligibilidade reflexiva para o capitalismo e outro modelos de sociedade, do que se pode, desde já, extrair é que, na generalidade dos casos, serviu e serve para alicerçar e potenciar as competências e qualificações de conhecimento científico que integram as estruturas e funções do Estado e da sociedade civil. O saber outorgado, institucionalizado e legitimado pelas universidades através dos mestrados e doutorados determina, hierarquicamente, as competências e qualificações de todas profissões, levando-as ao exercício de funções de nível superior e lugares de topo na escala da estratificação social das sociedades contemporâneas.

Não obstante toda esta evolução da pós-graduação das universidades, estas não deixam de estar sujeitas a um conjunto de desfasamentos e contradições científicas significativas. Das premissas modelares das epistemologias e metodologias das ciências sociais e humanas, como das ciências exatas, nas pós-graduações subsiste, ainda, uma série de dilemas negativos que se tornam, cada vez mais, visíveis. A natureza da autoridade hierárquica formal e da divisão social do trabalho subjacente às relações interpessoais entre professores orientadores e alunos pesquisadores é, muitas vezes, condicionada e enviesada em função dos desígnios de poder e da visibilidade identificada com as necessidades de produção científica do professor. No decorrer da pesquisa realizada pelos estudantes, estes são muitas vezes constrangidos a citar autores, paradigmas científicos ou o orientador, a escrever artigos da sua tese em que o orientador aparece quase sempre em primeiro lugar nas revistas da especialidade científica articulados com os mestrados e doutorados que se encontram inseridos.

De salientar também que embora no decorrer da pesquisa haja uma maior participação dos estudantes no que concerne a singularidade criativa e liberdade na recolha de informação e conhecimento científico reportado ao desenvolvimento das teses de mestrado e de doutorado, tudo isso não obsta que no nível de ensino da pós-graduação se continue a reproduzir a lecionação de aulas de disciplinas que já foram objeto de formação na graduação, sempre na condição-função que os professores tudo sabem e que os estudantes tudo têm que aprender. Esta realidade é bastante limitativa da capacidade e liberdade cognitiva e emocional dos estudantes da pós-graduação, na medida em que são uma vez mais remetidos para uma situação de passividade crítica e, ao serem mergulhados em uma situação de omissão do poder de decisão absoluta dos professores, nada mais são de que agentes subalternos destes que funcionam como meros transmissores e controladores de conhecimento científico dos paradigmas e modelos científicos normativos.

Essas evidências empíricas emergem e são facilmente detectáveis por falta de capacidade de analisar e controlar as causas e efeitos perversos e disfuncionais dos fenómenos de natureza económica, cultural, política e social. Na realidade, estes fatos traduzem-se depois em resultados científicos incompatíveis com os financiamentos e investimentos realizados pelas universidades e pelos mestrandos e doutorandos que aspiravam ao aumento do prestígio social, aquisição de dinheiro e de poder auferido como consequência dos resultados auferidos nas múltiplas especialidades científicas onde estão inseridos. No caso específico das ciências sociais e humanas, a pretensa ostentação, competência e prestígio social resultantes das pós-graduações das universidades para normalizar e funcionalizar a ação do Estado, do capitalismo ou de qualquer outro modelo de sociedade, instituições e organizações da sociedade civil nem sempre são conseguidas conforme desejadas ou previstas. Por outro lado, o acriticismo doentio da diversidade científica pelas ciências sociais e ciências exatas modelado pelos interesses e investimentos do capitalismo e do Estado, na generalidade dos casos, prima por falta de rigor e imparcialidade científica das ciências sociais e humanas e das ciências exatas. A omissão e a mentira descarada das causas e efeitos da miséria e da pobreza, da escravidão e exploração da espécie humana e as relações de genocídio e de exploração desta relativamente às outras espécies animais e espécies vegetais enunciam a atual tragédia biológica e social que a espécie humana atravessa, de nada servindo a produtividade e mostrando inutilidade da totalidade das pesquisas e formações das referidas ciências no panorama atual das pós-graduações ministradas pelas universidades.

Esta desacreditação e inutilidade científica generalizada é progressiva no contexto dos pressupostos da razão e do progresso assentes no império civilizacional judaico-cristão. As ciências sociais e humanas ao submeterem-se ao valores, à moral e ética desta civilização, razão pela qual os efeitos e causas de todos os fenómenos económicos. sociais, políticos e culturais sejam sempre objeto de dicotomia entre bem e o mal, vida e morte, etc, quando na realidade esses elementos só podem construir-se como objetos de observação e objetos científicos de forma complementar e interdependente. Transpondo estas dicotomias analíticas para o mundo real no mundo de hoje, constata-se que o impacto das TICs subverte essa lógica dicotómica, sobretudo contrastando as realidades científicas do mundo real e do mundo virtual, verifica-se de forma pacífica que não existem dicotomia entre ambos, sobretudo espaço-tempos de interdependência e complementaridade comportamental.

3. Pedagogia e Ciência Virtual na era da Pós-Graduação

São cada vez mais notórias as incidências e as contingências das TICs na pós-graduação das universidades, na estrita medida em que as atribuições e competências das pesquisas envolvendo professores, alunos e funcionários permitem que as respectivas competências sejam mais autónomas, singulares, livres e criativas, implicando uma interação sistemática e profunda com as referidas TICs e prescindindo, simultaneamente, de relações sociais circunscritas à co-presença física. Esse fato resulta das TICs permitirem que os espaços-tempo de formação e da pesquisa sejam realizados em processos de socialização e relações sociais de inexistência de co-presença física. As TICs, no entanto, levam-nos para fora da perceção e do conhecimento científico dos objetos reais que vão ser pesquisados e analisados. Desta realidade, até à construção de um objeto científico real ou virtual, persiste sempre uma diferença da qual não se pode fugir. Enquanto a informação, o conhecimento e a energia humana virtual são complexos, abstratos e automatizados, a real é sempre objetiva e concreta, não é complexa, abstrata e nem automatizada.

Quando nos localizamos na ciência virtual é fulcral saber que a produção, distribuição, troca e consumo de bens e serviços científicos, ou para melhor definição imateriais ou analítico-simbólicos, estamos em presença de significados e símbolos padronizados por algoritmos e pela inteligência artificial, cujos aplicativos técnicos e societais, por agora, ainda estão por compreender e definir. Ainda que estes aplicativos das TICs possam ser absorvidos e consumidos facilmente pela sociedade, no entanto, pode-se equacionar até que ponto podem utilizá-los e aplicá-los de forma eficaz e criativa nas estruturas curriculares, nos programas e formação das pós-graduações das universidades.

No acesso à informação e ao conhecimento científico decorrente das múltiplas interações e contingências das TICs, é cada vez mais plausível que a pesquisa e a formação realizada nas universidades passe, inevitavelmente, pela potenciação livre e criativa das capacidades e competências dos estudantes, professores e funcionários ligados às respetivas pós-graduações. As pesquisas e a formação desde então não ficam confinadas às paredes e aos territórios físicos das universidades. A socialização do conhecimento científico a diferentes níveis passa a ser difundida através das redes sociais e páginas web, publicação de artigos e livros em PDF e E-books. Necessariamente existem outras hipóteses de recorrência a outras linguagens científicas. Todavia, o que está aqui em causa não é determinação estrutural legitimada por saberes de autoridade hierárquica do orientador em relação à situação subalterna dos estudantes de pós-graduação, mas uma situação difusa, espontânea e informal de capacidade cognitiva e emocional de codificação e descodificação de linguagens científicas virtuais de forma atempada e adequada por professores e estudantes.

As consequências da generalização das TICs no plano pedagógico são bastantes mais visíveis nos comportamentos que envolvem professores, estudantes e funcionários nas pós-graduações. No sentido clássico do termo, não estamos mais em presença de relações entre professores e alunos, em que os primeiros tinham a primazia absoluta de ministrar o conhecimento científico a seu belo prazer. Os estudantes eram e são, em grande parte, uma caixa de ressonância passiva sem qualquer participação na vida da pós-graduação. Digamos que os estudantes eram omissos e passivos no espaço-tempo pedagógico da formação das matérias científicas e, no que concerne a pesquisa, seguiam as indicações e o controle do orientador. Com as TICs esse tipo de pedagogia não é mais possível de realizar nas pós-graduações das universidades. Como já referi, em parte, qualquer projeto de pesquisa virtual de mestrado e doutorado, para passar o crivo da institucionalização e formalização no mercado, deve constituir-se em quatro elementos fundamentais: produção, distribuição, troca e consumo de bens e serviços científicos.

Todavia, os dilemas históricos dos desafios das pós-graduações virtuais nas universidades não deixam de ser importantes. Se as pós-graduações se virtualizam a todos os níveis das sociedades contemporâneas, é bem evidente que o espaço-tempo para a criação de desenvolvimento de epistemologias e pedagogias centradas em objetos científicos reais acaba com a vida genuína da espécie humana em domínios que são cruciais para sua perpetuação com espécie. Por outro lado, se localizarmos esta hipótese no campo das ciências exatas, a gravidade ainda é maior, já que a virtualização das outras espécies animais e espécies vegetais acaba de vez com a interdependência e complementaridade da espécie humana no planeta Terra.

Sem cair em soluções demasiado lineares apercebemo-nos que a formação científica dada pelas pós-graduações nas universidades é atravessada por equívocos e contradições que não podemos escamotear. Realizar uma pesquisa conducente a mestrado ou a um doutorado é, em si mesmo, de um valor adquirido inestimável que lhe dá um lugar privilegiado de usufruir de uma profissão e um prestígio social de alto nível social, económico, político e cultural. Todavia, não basta utilizar as ferramentas das TIC no sentido de saber reproduzir técnicas, informações e conhecimentos. Para além disso com as TICs, é sobretudo fundamental criar e não simplesmente reproduzir mecanicamente esses elementos.

Um outro aspeto não menos relevante radica na interdependência e complementaridade entre o mundo real e o mundo virtual. Os sintomas contraditórios e conflitantes entre estes dois mundos também são visíveis nas pós-graduações das universidades. Sabendo-se do poder dos professores provindo da autoridade hierárquica formal e institucional que exercem nas universidades, é bem notório que a sua função clássica do exercício dessa autoridade no controlo e decisão sobre os estudantes e funcionários, está a perder sentido e lógica funcional. Com a emergência das TIC esse poder esvaziou-se de sentido porque a visibilidade das relações sociais na sala de aula e noutros espaços de pesquisa virtualizaram-se.

Considerações Finais

De tudo o que acabei de analisar é evidente que subsiste uma série de contradições e conflitos nas pós-graduações que são, atualmente, ministradas nas universidades. São sobretudo visíveis no plano das relações sociais envolvendo professores, alunos e funcionários nas diferenças salariais, competências e competências requeridas para ligadas à produção de conhecimento científico. Por outro lado, subsiste um desfasamento nos objetos científicos de pesquisa e formação correlacionados com as epistemologias e pedagogias praticadas nas pós-graduações das universidades. As contingências das TICs, ao virtualizarem o espaço-tempo da pesquisa e da formação dos mestrados e dos doutorados, obrigaram a que os conteúdos do acesso à formação e ao conhecimento científico dos mesmos sofressem uma grande mudança.

Historicamente pode-se deduzir da visibilidade e da necessidade social da pós-graduação das universidades como uma pressão da sociedade e do mercado de formação e de educação por um conhecimento científico de nível superior pautado pelas estruturas e funções do Estado. Um outro elemento, não menos importante, residiu na procura de bens e serviços científicos correlacionados com expansão económica, social, política e cultural originada pelos trinta gloriosos anos do capitalismo (1945-1975). Se bem que a formação e a aprendizagem das graduações ministradas nas universidades satisfizesse, em grande medida, às necessidades de formação e aprendizagem das competências e qualificações da diversidade de profissões que eram fulcrais para o funcionamento da estabilidade normativa da sociedade. No entanto, depois de décadas, persistia uma lacuna crucial relacionada à pesquisa e à formação a esse nível. Estas só poderiam ter lugar com a criação de mestrados e doutorados nas universidades, devidamente estruturados e institucionalizados em modelos de pós-graduação de nível de ensino e pesquisa, hierarquicamente, superiores ao padrão das graduações.

Na sua essência histórica e relacional entre professores, estudantes e funcionários, as contradições e conflitos sempre subsistiram no que concerne a sua inserção na estrutura hierárquica da autoridade formal, divisão social do trabalho, processo de tomada de decisão e liderança e em tudo que envolvesse funções e participação efetiva na formação e pesquisa científica circunscrita à elaboração das teses de mestrado e de doutoramento. A exploração e o controlo do trabalho de pesquisa e formação, tal como a coação e a sanção de qualquer desvio comportamental dos estudantes que não sigam, estritamente, os modelos ou paradigmas científicos preconizados pelos orientadores, são, em última análise, ostracizados ou têm que sair da pós-graduação onde estão inseridos. Em relação aos funcionários pode dizer-se que são, quase sempre, meras figuras subalternas das funções preconizadas pelo poder de decisão dos professores e quadros administrativos.

Com as contingências das TICs, se bem que essas contradições e conflitos no seio das pós-graduações das universidades se perpetuassem, tudo isso não obstou a que a natureza das mesmas sofressem uma mudança radical. Desde logo é preciso ter presente que as modalidades de formação e de pesquisa, antes polarizadas em relações sociais e interações de co-presença física, com as TICs toda essa realidade começa e passa ser, em grande medida, virtualizada, mesmo sabendo que o vírus Covid-19 teve influência manifesta nesse processo. Seja como for, o acesso e socialização da informação e do conhecimento científico que consubstanciam a formação e a pesquisa da pós-graduação passam a construir-se sob uma batuta singular de capacidades espontâneas e informais dos atores principais envolvidos na pós- graduação: professores, alunos e funcionários. O que está em jogo é a capacidade cognitiva, emocional e energética de cada ator envolvido no processo de descodificação e codificação das linguagens científicas que informam a realização das teses e dos mestrados, e não o lugar que ocupam na escala de estratificação social do poder e da ciência. Digamos que os conflitos e as contradições tradicionais na pós-graduação das universidades, se bem que tenham que ver com a natureza das relações sociais envolvendo a autoridade hierárquica, a liderança e o poder de decisão, com as contingências das TICs, o espaço-tempo da conflitualidade e das contradições emergem sobretudo no contraste e diversidade das capacidades cognitivas, emocionais e energéticas de codificação e descodificação de linguagens virtuais, determinados por comportamentos espontâneos, informais e livres dos professores, estudantes e funcionários.

Por último, no meu entendimento, as contradições e os conflitos maiores nas pós-graduações das universidades incidem na sua incapacidade manifesta em aprofundarem o desenvolvimento científico das causas e dos efeitos que estão na origem na exploração, escravidão e genocídio entre a espécie humana e, por último, do mesmo modo, entre esta e espécies animais e vegetais.

7

NÃO CAMINHAMOS SÓS
uma autoetnografia sobre a importância das redes de apoio na pós-graduação

Claucia Piccoli Faganello

Resumo

Neste estudo autoetnográfico, como autora, ofereço uma reflexão profunda sobre a minha jornada na pós-graduação, destacando a complexidade das experiências emocionais, sociais e acadêmicas vividas. Através de uma narrativa pessoal, busco explorar como a identidade de estudante de pós-graduação é moldada por desafios, realizações, frustrações e o questionamento da imposição da dissertação ou tese como um marco definitivo na carreira acadêmica, e não como parte de um processo contínuo de desenvolvimento. Busco explorar a influência crítica das redes de apoio emocional, acadêmico e profissional em minha trajetória, sublinhando como estas redes são fundamentais para a sobrevivência no espaço acadêmico e a finalização dos trabalhos. O estudo ressalta a importância do equilíbrio entre a vida acadêmica e pessoal, oferecendo insights sobre a construção e manutenção de redes de apoio eficazes. Conclui-se com reflexões sobre as lições aprendidas e suas implicações para a futura carreira acadêmica da autora, contribuindo significativamente para a compreensão das dinâmicas da pós-graduação.

Introdução

Ao adentrar as portas da pós-graduação, seja no mestrado ou no doutorado, fui confrontada com o desafio de desenvolver minha própria pesquisa, uma jornada que transcende os limites do acadêmico e se entrelaça com minha identidade pessoal. Inicialmente isso não foi um elemento dificultador, pois minha trajetória nas graduações sempre me colocou num lugar em que eu era capaz e tinha o reconhecimento dos pares. Digo isso, pois já na graduação tive o privilégio de participar de congressos relevantes em minha área de estudo e sempre fui valorizada como alguém que estava em formação, mas uma pesquisadora. Ao chegar na pós-graduação, isso passou a ser questionado e, com esse questionamento, surgiram diversas outras inseguranças e dúvidas.

Este estudo autoetnográfico é uma exploração

pessoal dessa jornada, buscando responder a duas questões fundamentais: Quem somos nós, estudantes de pós-graduação? Qual é o significado e lugar da dissertação ou tese em nossa vida?

No coração desta investigação está a minha experiência pessoal, uma narrativa que reflete não apenas sobre a construção da identidade acadêmica, mas também sobre as emoções e desafios intrínsecos à vida de pós-graduanda. Esta jornada é marcada por uma série de reflexões críticas: como nos percebemos e somos percebidos dentro do universo acadêmico, e como nossas experiências individuais se entrelaçam com as dos nossos colegas, formando uma tapeçaria complexa de aprendizados e descobertas.

Através da lente da autoetnografia, o estudo se aprofunda na relevância das redes de apoio para a finalização dos trabalhos na pós-graduação. Longe de ser apenas um trabalho acadêmico, é a exploração e a busca pela compreensão desse marco significativo na vida acadêmica - uma obra que pode definir, transformar e transcender as expectativas e aspirações pessoais. Esta análise se estende à compreensão da importância das redes de apoio, tanto emocionais quanto acadêmicas e profissionais, que são vitais para a resiliência e sucesso durante e após a pós-graduação.

Esse trabalho busca menos trazer respostas às perguntas norteadoras e mais incitar ao debate, à busca por apoio e o pensar um fazer acadêmico diferente do posto hoje como natural. Através desta introspecção, visa oferecer um olhar mais profundo sobre a complexidade da vida de pós-graduação, refletindo sobre as muitas facetas da experiência acadêmica e pessoal, e como elas moldam nossa trajetória como acadêmicos e seres humanos.

Método

A autoetnografia é um caminho criativo (GAMA, 2020) para o desenvolvimento de temáticas autobiográficas e complexas que demandam um olhar diferenciado. Esse foi o percurso escolhido para o presente trabalho, buscando problematizar a pós-graduação e trazer a importância das redes de apoio para a finalização dos trabalhos de dissertação e tese.

É um exercício de escrita, em que o eu pesquisadora e a minha pesquisa nos entrelaçamos numa produção única, ao mesmo tempo em que se traduzem num texto reflexivo, resultado dessa conexão e o retorno para o lugar de pesquisadora. Como metodologia:

> A autoetnografia escorrega, evita definições simplistas. É a colisão entre as ciências humanas e as artes, as teorias e as emoções, a "performatividade" – o que acontece agora – e a performance – o que já aconteceu (estudo feito) – é a presença do corpo do(a) pesquisador(a) na linha de frente da pesquisa, no momento da criação (texto ou a performance/ apresentação) (BRILHANTE; MOREIRA, 2016, p.1100).

Conforme Gama (2020, p. 190): "Ela é uma metodologia que exige múltiplas camadas de reflexividade, uma vez que a pessoa que pesquisa e aquela que é pesquisada são a mesma". Assim, a autoetonografia traz a pesquisa que o próprio pesquisador faz sobre si, sobre seu processo, sobre aquilo que não costuma refletir na pesquisa, mas influencia ela o tempo todo. É um assumir que o pesquisador é parte da sua pesquisa pela totalidade do seu processo.

Assim, este trabalho reflete esse processo da transformação da aluna pós-graduanda em aluna pesquisadora e explora as vivências desde os primeiros contatos com a pesquisa, ainda na graduação, até o momento atual, na condição de doutoranda. Desvela as impressões, as vivências e tudo aqui que foi e é fundamental para que os trabalhos sejam finalizados, apresentados e existam no que comumente chamamos de "mundo acadêmico".

A importância do diálogo e das redes de apoio

Pouco se fala sobre a saúde mental na academia,

sobre a necessidade de um diálogo sincero e das redes que se formam interna ou externamente ao espaço acadêmico. Estudo realizado na pandemia, com mestrando e doutorandos, mostrou a "necessidade de mecanismos de diálogo e encontros virtuais entre pós-graduandos, visando o fortalecimento dos vínculos e o bem-estar dos alunos durante a trajetória da formação" (FIGUEIREDO et al., 2021, p. 1).

A pandemia talvez tenha sido o "gatilho" para que vários estudos sobre a pós-graduação emergissem, porém, políticas de cuidado na pós-graduação são um assunto antigo e ainda assim um tabu na academia.

Por serem tabu na academia, poucos estudos foram/são realizados sobre a temática. A nossa pesquisa em vários aspectos pressupõe uma única caminhada, na qual a gente tem que construir as grandes obras de nossa trajetória acadêmica com o apoio de um orientador. Por ser uma relação orientanda com orientador, esquecemos de olhar para todas as redes que se constituem no entorno desse espaço.

O tabu não é autoexplicativo, ele vem de um contexto, de um sistema mundo e, nesse trabalho, atribuo parte disso ao sistema neoliberal que hoje é hegemônico no mundo. Aqui compreendo neoliberalismo como: "um modo de produção de subjetividades, governamentalidade dos corpos e de gestão do sofrimento psíquico, para além de um modo puramente econômico (embora o seja, também)" (LIMA, 2022, p. 9).

Essa dinâmica alterou todos os sistemas, inclusive o universitário. Sobre isso: "a lógica neoliberal colonizou e modificou radicalmente não só as universidades e demais espaços acadêmicos, mas, também, a própria experiência de formação" (LIMA, 2022, p. 11). Assim, entender a vida na pós-graduação passa por compreender em que sistema ela está inserida.

O neoliberalismo se coloca como o modo de produção de subjetividades, alterando também a lógica das universidades e dos espaços acadêmicos, e trazendo a visão da produtividade e do economicismo para dentro da nossa formação. Isso dialoga com a visão crítica e também com a necessidade de nós, como pós-graduandos, nos recusarmos a aceitar tudo, de entender e viver a vida como um processo e de buscar sempre outras visões e compreensões. Paulo Freire (FREIRE, 1995, p. 105) sabiamente nos ensinava que devemos "ser capaz[es] de recomeçar sempre, de fazer, de reconstruir, de não se entregar, de recusar-se mentalmente, de entender e viver a vida como processo", ou seja, se não for alinhado com as nossas crenças, não somos obrigados a aceitar e precisamos lembrar que sempre seremos capazes de recomeçar.

Minha Jornada na Pós-Graduação

Minha jornada na pós-graduação foi um percurso de descoberta pessoal e acadêmica, marcada tanto por desafios quanto por triunfos. Ao iniciar o mestrado, e mais tarde o doutorado, encontrei-me imersa em um ambiente de alta expectativa e competição, onde o sucesso era frequentemente medido por publicações e progresso na pesquisa. Os desafios eram inúmeros: desde a pressão constante por resultados até a busca por um equilíbrio saudável entre a vida acadêmica e pessoal. No entanto, essas dificuldades serviram como catalisadores para um crescimento significativo.

As motivações para perseverar vieram de um profundo interesse pelo meu campo de estudo, que nunca foi subordinado a nenhum programa ou orientador, mas um projeto criado para ser desenvolvido e encaixado nas linhas de pesquisa possíveis, além de um desejo de contribuir de forma significativa para o conhecimento acadêmico. Pra mim, as publicações, por mais que exigidas, acabaram somente sendo resultado dos estudos realizados e que acredito que possam realmente contribuir para a ciência. Muitas vezes, por não encontrar disciplinas que me satisfizessem junto aos programas que estive/estou vinculada, o caminho foi buscar outras possibilidades em outros programas e instituições. Isso foi, em diversos momentos, uma forma de me manter motivada a seguir os estudos. Conhecer pessoas diferentes em disciplinas ou eventos sempre foi um elemento central para o desenvolver da minha trajetória.

Perspectiva Coletiva: Conexões e Contrastes com Outros Estudantes

Minhas experiências, embora únicas, encontraram eco nas histórias de meus colegas (FAGANELLO, 2023). Existe uma sensação compartilhada de navegar em um território desconhecido, repleto de incertezas e receios. Muitos de nós compartilhamos sentimentos semelhantes de ansiedade e excitação, enfrentando desafios como a síndrome do impostor e a pressão para publicar. No entanto, também há diferenças notáveis. Alguns colegas parecem navegar pelo ambiente acadêmico com maior facilidade, enquanto outros, como eu, encontravam dificuldades em certos aspectos da jornada por não entendê-los como naturais, éticos e/ou adequados.

Ser uma 'estudante de pós-graduação' não é apenas um título acadêmico; é uma identidade que molda nossas experiências e expectativas. Muitas vezes até esquecemos quem somos quando nos perguntam e respondemos com o que estamos fazendo naquele momento: sou uma pós-graduanda ou uma doutoranda.

Essa identidade coletiva que une os pós-graduandos através de experiências comuns muitas vezes cria um senso de comunidade e pertencimento. Estar imerso nessa comunidade influencia nossa percepção de nós mesmos e do nosso trabalho. Com alguns, há uma sensação de solidariedade em nossos esforços coletivos para contribuir para o conhecimento em nossas respectivas áreas, para lidar com os problemas e para sobreviver às pressões da pós-graduação, embora cada um de nós siga um caminho único. Essa identidade coletiva também nos ajuda a desenvolver uma rede de apoio, onde podemos compartilhar recursos, conselhos, dificuldades e nos encorajar a seguir.

A Dissertação ou Tese Como Marco Acadêmico

A dissertação ou tese é frequentemente vista como o ápice da jornada de pós-graduação, um marco que define o início da carreira acadêmica e como um dos trabalhos pelos quais seremos sempre lembrados. Em minha experiência, sempre resisti à ideia de que essas são conquistas acadêmicas permanentes e para sempre, e tento compreender esses trabalhos como ritos de passagem. Principalmente porque me entendo como um ser em construção e constante transformação, ou seja, se hoje eu fizesse a dissertação que apresentei em 2016, provavelmente ela seria completamente diferente do que foi naquele momento. Assim, considero que todo trabalho é datado e contextualizado. Pra mim a dissertação e/ou a tese representam uma síntese das habilidades de pesquisa, pensamento crítico e expressão intelectual que desenvolvi ao longo dos anos e que consolidei naquele momento. Assim, ao refletir criticamente, entendo essas obras como um passo importante na minha trajetória como acadêmica, mas um passo numa caminhada que continua.

Equilíbrio entre Trabalho e Vida Pessoal

Encontrar um equilíbrio entre a vida acadêmica e pessoal é um desafio constante durante a pós-graduação. A intensidade da pesquisa e a pressão para produzir uma dissertação/tese de qualidade muitas vezes se sobrepõem a aspectos pessoais da vida. Isso fica evidente com as frases comumente ditas nas universidades, tais como "pós-graduando não tem final de semana", "pós-graduando não dorme", "pós-graduando nem é gente", "pós-graduando não tem férias", entre outras (autores desconhecidos), que geram um permissivismo para a falta de horário de comunicação, para trabalho no final de semana, para exigências que fogem à competência do aluno e atrapalham sua vida pessoal. Isso também ocorre pela precariedade da pós-graduação no Brasil, onde a pós-graduação não é vista como um trabalho.

A minha experiência mostra que um equilíbrio saudável não é apenas benéfico para o bem-estar pessoal, mas também melhora a qualidade e a eficiência do trabalho acadêmico. No mestrado tive dificuldades de organizar meu trabalho acadêmico com uma atividade profissional, trabalhando em diversos finais de semana e noites para cumprir os prazos e entregas. No doutorado, talvez por ter iniciado na pandemia, repeti um pouco desse comportamento, porém logo percebi que ele não seria sustentável e passei a trabalhar somente durante a semana nas atribuições da pós-graduação (com raríssimas exceções) e deixar os finais de semana para ter uma vida pessoal, com amigos, família, viagens e descanso. Isso ressaltou a importância de todas essas pessoas no meu processo como pós-graduanda.

Importância das Redes de Apoio

Minha jornada na pós-graduação foi suportada pela presença de uma rede de apoio robusta. Colegas de estudo, amigos, terapeuta e familiares desempenharam papéis cruciais, oferecendo desde apoio emocional até assistência prática e acadêmica. Sem essas redes, os desafios da pós-graduação teriam sido muito mais árduos. Aqui quero ressaltar a importância social dessas pessoas para a minha pós-graduação.

Tipos de Apoio

Descobri que diferentes tipos de apoio desempenham papéis distintos.

- O apoio emocional, muitas vezes recebido de amigos e familiares, é vital para manter minha motivação e bem-estar.
- O apoio acadêmico, especialmente de mentores e colegas, é crucial para superar

obstáculos técnicos e intelectuais.

- E o apoio profissional, seja de revisores, conselheiros, psicólogos ou terapeutas, ajuda a abrir caminhos para enxergar que é possível e ainda me manter alinhada aos meus objetivos.

Assim, baseada na minha experiência, recomendo a construção ativa de redes de apoio. Isso pode ser feito através da participação em conferências, seminários, grupos de pesquisa ou mesmo através da busca ativa por profissionais que possam nos ajudar nesse processo. É muito importante cuidar da saúde mental e física, o que pode incluir atividades como exercícios físicos, hobbies e tempo com nossa rede de apoio.

Conclusão

Ao final desta jornada autoetnográfica, emergem muitas reflexões sobre a minha experiência na pós-graduação. Esta investigação sublinhou a complexidade da minha identidade como estudante de pós-graduação, uma mistura de desafios, aprendizados e dificuldades para a formação de um senso acadêmico. É uma trajetória gratificante, porém também muito dolorosa.

A dissertação e tese, longe de serem apenas requisitos acadêmicos, revelaram-se como etapas necessárias, importantes, mas situadas em dados momentos de minha caminhada.

A importância das redes de apoio emergiu como um tema central, destacando como o apoio emocional, acadêmico e profissional são fundamentais para o andamento das atividades e também para a finalização da pós-graduação. Essas redes não apenas facilitam o processo acadêmico, mas também promovem o bem-estar pessoal, ajudando a manter um equilíbrio saudável entre as demandas acadêmicas e a vida pessoal.

As reflexões e experiências compartilhadas neste estudo têm implicações significativas para o meu futuro. Elas enfatizam a necessidade de uma maior consciência sobre os desafios enfrentados pelos estudantes de pós-graduação e a importância de construir redes de apoio eficazes. Elas também trazem a reflexão para os futuros papéis que pretendo ter na caminhada de pesquisadora. Para a minha própria trajetória na academia, estas percepções reforçam a importância de continuar a cultivar relações de apoio e buscar um equilíbrio saudável entre as exigências acadêmicas e pessoais. Além disso, este estudo pode servir como um recurso para outros estudantes de pós-graduação, oferecendo estratégias para navegar por suas próprias jornadas acadêmicas.

Este trabalho, portanto, não apenas documenta minha jornada pessoal na pós-graduação, mas também contribui para um diálogo mais amplo sobre as experiências compartilhadas na pós-graduação. As lições aprendidas aqui podem incentivar caminhos para uma experiência mais enriquecedora e equilibrada na pós-graduação, tanto para mim quanto para outros estudantes que trilham este caminho desafiador e ao mesmo tempo recompensador.

Observação: Esse trabalho é uma recompensa importante nesse processo, um espaço de autorreflexão e principalmente de compartilhamento com mais pessoas que estejam pensando criticamente a pós-graduação.

Referências

BRILHANTE, A. V. M.; MOREIRA, C. Formas, fôrmas e fragmentos: uma exploração performática e autoetnográfica das lacunas, quebras e rachaduras na produção de conhecimento acadêmico. **Interface - Comunicação, Saúde, Educação**, v. 20, p. 1099–1113, dez. 2016.

FAGANELLO, C. P. É possível uma ciência da Administração mais amorosa? Em: VALENTIM, I. V. L.; FAGANELLO, C. P. (Orgs.). **Metodologias Ativas na Pós-Graduação**: escuta, curiosidade e amor. Rio de Janeiro: Compassos Coletivos, 2023, p. 39–64.

FIGUEIREDO, S. O. de et al. Confessionários e a Experiência de Conversas entre Psicólogos e Pós-Graduandos. **Seminário de Gestão Organizacional Contemporânea - SEGOC**, v. 1, 16 nov. 2021.

FREIRE, P. **Educação na cidade**. 2. ed. São Paulo: Cortez, 1995.

GAMA, F. A autoetnografia como método criativo: experimentações com a esclerose múltipla. **Anuário Antropológico**, v. 45, n. 2, p. 188-208, 13 abr. 2020.

LIMA, D. T. Prefácio. Em: **Neoliberalismo e sofrimento psíquico**: o mal-estar nas universidades. Recife: Ruptura, 2022. p. 176.

Nátali Roberta de Sousa Nuss

PANORAMA DA PARTICIPAÇÃO FEMININA NA PÓS-GRADUAÇÃO EM URBANISMO DA FACULDADE DE ARQUITETURA E URBANISMO DA UNIVERSIDADE FEDERAL DO RIO DE JANEIRO

8

Introdução

O papel substancial que os programas de pós-graduação em Urbanismo assumem no desenvolvimento e aprimoramento do conhecimento científico e na formação de profissionais capazes de enfrentar desafios contemporâneos complexos - em especial os relacionados à vida nas grandes cidades e ao espaço urbano em um contexto de crise social e climática - é inequívoco. Levando em consideração precisamente a situação emergencial global, é mister que a Academia, em geral, propicie reflexões críticas no que tange a sobreposição dessas condições com demais questões também em máxima voga na segunda década do século XXI, como renda, raça, gênero e sexualidade.

Assim sendo, o fortalecimento e o fomento da discussão sobre a formação na pós-graduação em Urbanismo sob uma perspectiva de gênero, em específico, são cruciais para se traçar panoramas possíveis para o presente e futuro. Somente com o estabelecimento de tais balizas e horizontes, é possível visualizar no porvir o avanço da diversidade e do acesso equitativo de gênero à formação acadêmica e a postos profissionais mais elevados.

É importante salientar ainda que a área de estudo do Urbanismo possui o diferencial agravante de possibilitar o rebatimento das mudanças feitas no cerne do seu roteiro formativo nas cidades que produzimos e vivemos. Ou seja, isto quer dizer que pensar a formação em Arquitetura e Urbanismo, seja em qual nível, é também pensar o agora e o amanhã de nossas cidades e sobre quais alicerces elas são e serão construídas. É a esse respeito que o presente trabalho se desdobra.

Isto posto, é preciso mencionar que este estudo se concentra em um recorte específico, direcionando o olhar para a relação de gênero dentro do Programa de Pós-Graduação em Urbanismo da Faculdade de Arquitetura e Urbanismo da Universidade Federal do Rio de Janeiro (PROURB/FAU-UFRJ) ao longo de sua existência. A análise do quantitativo de mulheres egressas do programa, bem como a reflexão sobre sua representatividade, encontra sua justificativa na necessidade de compreensão do panorama da participação feminina na pós-graduação em Urbanismo no Rio de Janeiro, com ponderações que podem e devem ser ampliadas para o cenário da pós-graduação nacional e internacional.

À vista disso, o objetivo central deste estudo é, conforme brevemente mencionado acima, analisar o número de estudantes mulheres concluintes dos cursos do PROURB/FAU-UFRJ desde a sua criação em 1993. Pretende-se, nesse sentido, como objetivos específicos, identificar e examinar eventuais tendências e padrões dessa participação acadêmica. Esse balanço tem como propósito assimilar a presença feminina no quadro acadêmico de Urbanismo e fornecer subsídios importantes para a avaliação e discussão desse acesso.

Já no que concerne à metodologia utilizada para essa finalidade, é possível dizer que a investigação se baseia em dados oficiais divulgados pelo próprio PROURB/FAU-UFRJ. Inicialmente, foram obtidos por meio de acesso aos registros em seu sítio online onde constam informações sobre a totalidade dos estudantes que concluíram os cursos de Mestrado Acadêmico e Doutorado em Urbanismo desde 1993. Posteriormente, com apoio desses números, foi feita uma compilação e organização dos registros relacionados às mulheres que obtiveram o título de mestre e doutora em gráficos comparativos com os dados masculinos.

Por fim, é factível dizer que a abordagem exposta permitiu identificar o número absoluto de egressas e a distribuição temporal de suas conclusões, além de viabilizar o estabelecimento de cálculos de proporções e porcentagens que apoiaram um melhor entendimento da participação de mulheres no programa. Espera-se que o trabalho seja de máxima contribuição para quem se debruça sobre o tema.

Contextualização

Antes de uma apresentação mais bem delineada do programa de pós-graduação utilizado como recorte aqui e da demonstração da análise descrita, é pertinente uma breve contextualização do histórico da mulher na educação brasileira — em específico no nível superior — em prol de um encadeamento de ideias que favoreçam uma maior consciência do porquê a problemática de gênero se impõe como um grave desafio até os dias de hoje.

Indo ao encontro disso, é vital pensar porque a temática da educação esteve presente nos debates do movimento feminista desde seu primórdio e porque a educação representou, com o passar das décadas, uma promessa e uma realidade concreta de ruptura com os papéis destinados às mulheres dentro do sistema patriarcal estabelecido. E para ir além, é fundamental refletir ainda como tal ruptura trouxe, contraditoriamente, outras alternativas de expressão patriarcal na estipulação de papéis femininos dentro de ambientes educacionais.

Relativamente à questão educacional ser onipresente nas discussões feministas há muito tempo, Michelle Perrot explica que:

> O direito ao saber, não somente à educação mas à instrução, é certamente a mais antiga, a mais constante, a mais largamente compartilhada das reivindicações [do movimento feminista]. Porque ele comanda tudo: a emancipação, a promoção, o trabalho, a criação, o prazer (PERROT, 2007, p. 159).

Nessa esteira, é bastante razoável afirmar que com o acesso à academia as mulheres conseguem finalmente desatar alguns dos nós que as obstaculizaram e as excluíram dos espaços de saber por anos a fio. Para fornecer uma perspectiva mais clara ao leitor, as primeiras universidades que se tem registro foram constituídas em solo europeu por volta do século XII e, mesmo assim, mantiveram-se vedadas às mulheres até quase o século XX. A partir de então, somente em 1865 se tem evidência de admissão do ingresso de mulheres enquanto estudantes em uma Universidade: na Universidade de Zurique, a primeira a fazê-lo (YANNOULAS, VALLEJOS e LENARDUZZI, 2000).

Já no Brasil, observa-se que a ampliação do acesso ao ensino formal, associada com o aumento da oferta de vagas nas universidades a partir da década de 1970, impactou com maior vigor a população feminina. Desse modo, foi concebível que as mulheres invertessem — dentro de um breve intervalo — uma conjuntura histórica de profunda inequidade, na medida em que estabeleceram um cenário até então inédito, no qual são as mais escolarizadas. Como consequência, o salto quantitativo em relação às jovens mulheres (de 25 a 29 anos) que concluíram o nível superior nos anos 1970 foi estrondoso (GUEDES, 2008).

Com o suporte dos gráficos do estudo da professora e socióloga Moema de Castro Guedes (2008) baseados nos censos sobre esse tema, logo abaixo, pode-se atestar a tendência apontada. Na figura 01, com os recortes etários, nota-se o fenômeno entre jovens mulheres descrito acima. Na figura 02, por sua vez, é possível verificar o diferencial contingencial de mulheres e homens no ensino superior com o decorrer das décadas.

Figura 1: Gráfico de distribuição da população de 25 a 29 anos, por sexo e curso mais elevado concluído (Brasil - 1970, 1980, 1991 e 2000)

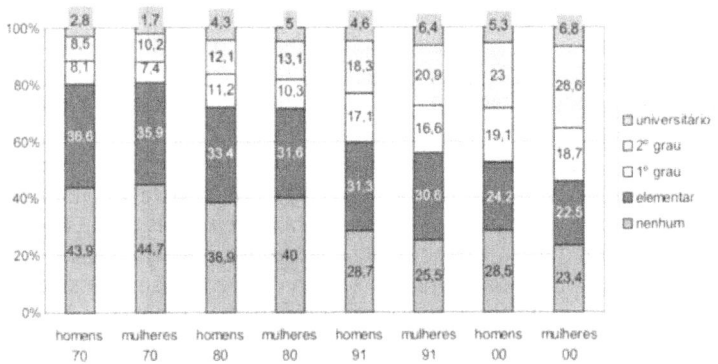

Fonte: Guedes, 2008.

Figura 2: Gráfico de distribuição da população total com nível universitário, por sexo (Brasil - 1970, 1980, 1991 e 2000)

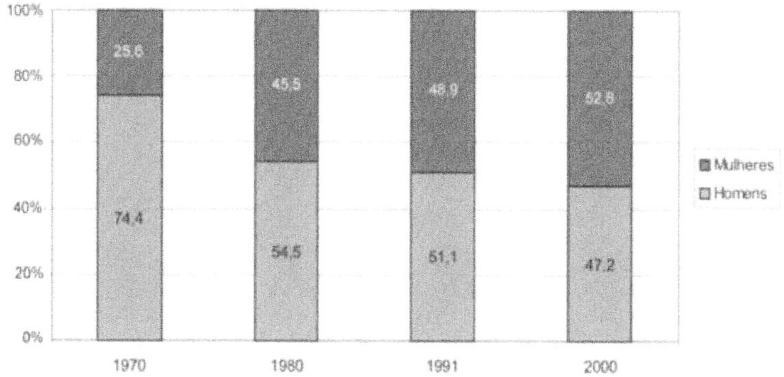

Fonte: Guedes, 2008.

Segundo Moema, o contingente populacional feminino que concluiu o 2º grau na década de 1970 começa logo a ingressar nas universidades, mas de uma maneira muito própria deste contexto. Pode-se dizer isso tendo em vista que a crescente participação feminina ocorre concentrada entre carreiras que preparavam para o magistério secundário, notadamente em áreas como nas Ciências Humanas e nas Letras.

Sob essa perspectiva, Moema segue delineando a contradição previamente apontada desse fenômeno ao demonstrar que, por conta dessa preferência, as mulheres reproduziam dentro da Academia o estereótipo da época de "ocupação adequada para a mulher", isto é, a de tutoria, de cuidados com crianças e adolescentes. Contudo, avaliando por outro prisma, elas conseguiram que essa inserção no Ensino Superior se desse de maneira mais rápida e efetiva, já que eram cursos menos concorridos.

No que diz respeito à tabela abaixo (Figura 03), que aborda a distribuição de contingente de formados por sexo e curso universitário, destaca-se um elemento particularmente interessante para este estudo: o curso de Arquitetura.

Figura 3: Tabela de distribuição de contingente de formados, por sexo e curso universitário (Brasil - 1970 e 2000)

Cursos universitários*	1970 Mulheres (%)	1970 Homens (%)	2000 Mulheres (%)	2000 Homens (%)
Engenharia mecânica	2	98	3	97
Engenharia elétrica	2	98	7	93
Engenharia civil	2	98	15	85
Agronomia	3	97	12	88
Veterinária	4	96	30	70
Física	39	61	30	70
Economia	9	91	32	68
Medicina	11	89	36	64
Administração	15	85	39	61
Direito	13	87	40	60
Química	39	61	44	66
Estatística	17	83	47	53
Odontologia	18	82	51	49
Arquitetura	17	83	54	46
Educação física	55	45	54	46
Filosofia	66	34	55	45
Matemática	39	61	60	40
Farmácia	32	68	65	35
Geografia	69	31	72	28
História	66	34	74	26
Belas artes	71	29	75	25
Ciências sociais	72	28	78	22
Letras	73	27	87	13
Psicologia	70	30	89	11
Enfermagem	93	7	91	9
Pedagogia	84	16	93	7
Serviço social	90	10	98	2

Fonte: Guedes, 2008.

Verifica-se acima uma variação bem brusca do quantitativo de gênero dos alunos de Arquitetura de 1970 a 2000. Onde inicialmente havia — com uma diferença marcante — mais homens (83%) que mulheres (17%) em 1970, há nos anos 2000 a superação do número de mulheres formadas em relação aos homens, resultando em um total de 54% feminino e 46% masculino. Esse recorte, analisando como o total de estudantes do curso se equilibra entre os gêneros, será muito útil para entender as questões levantadas mais à frente.

Na esfera dos programas de pós-graduação, vale salientar, segundo as assertivas de Cirani, Campanario e Silva (2015), a implementação de tais cursos foi conduzida mediante a Campanha de Aperfeiçoamento de Pessoal para o Ensino Superior, engendrada pela Coordenação de Aperfeiçoamento de Pessoal de Nível Superior (CAPES).

A partir da década de 1970 sucede-se não somente a implantação de políticas públicas destinadas a fomentar a constituição de Associações Nacionais, como ainda a instauração do Programa Institucional de Capacitação de Docentes (PICD1) junto com a homologação dos Planos Nacionais de Pós-Graduação (PNPG).

Apesar do esforço realizado na expansão dos programas de pós-graduação e na construção de arcabouços sociopolíticos para seu suporte terem se dado na mesma década em que se atesta uma maior inserção da mulher na Academia, esse número demora a ser refletido no alto escalão acadêmico. Esse fenômeno se figura como resultado do *gender gap* (LENOIR; FERREIRA; AMORIM, 2022).

O conceito de hiato de gênero — *gender gap* — é cabível nesse cenário, tendo em vista que a expressão visa analisar e demarcar as disparidades nos níveis de instrução entre homens e mulheres. Essa abordagem identifica de forma quantitativa as desigualdades sistemáticas e estruturais concernentes ao acesso à educação formal em função do sexo ou gênero, especialmente quando se consideram os indicadores de alfabetização e níveis educacionais entre os dois grupos (BELTRÃO; ALVES, 2009).

Por conseguinte, tal hiato transcorre de modo sólido no tempo e faz-se sensível quando se detecta que o avanço de mudanças na sociedade decorre em tempos diferentes, demorando mais a serem reparadas no todo da cadeia profissional ou acadêmica — que é a que mais importa aqui. Em razão disso, mulheres se formando mestres e doutoras não foi uma realidade alcançável tão rapidamente quanto se esperava logo após o boom da inserção feminina no Ensino Superior.

Somente a partir de 1990 essa situação começou a se alterar de forma mais robusta, reverberando em todos os níveis acadêmicos, uma vez que foi a partir desse momento que a ampliação das oportunidades de maneira global no Ensino Superior promoveu um real avanço das mulheres na Academia (LENOIR; FERREIRA; AMORIM, 2022). É por esse motivo que investigar um programa de pós-graduação que começa suas atividades em 1993 pode ser tão relevante.

Panorama

É nesse contexto que o Programa de Pós-Graduação em Urbanismo da Faculdade de Arquitetura e Urbanismo da Universidade Federal do Rio de Janeiro (PROURB/FAU-UFRJ) surge e se destaca, pouco a pouco, como um programa de excelência e referência na área. Criado em 1993, o PROURB oferece regularmente os cursos de Mestrado Acadêmico e Doutorado em Urbanismo, além do Mestrado Profissional em Arquitetura Paisagística. Reconhecido pelo Sistema Nacional de Pós-Graduação e credenciado pela CAPES/MEC, o programa obteve consecutivamente a nota 6 nas avaliações da CAPES (2004-2006), (2007-2009) e (2010-2012) e alcançou, recentemente, a nota 7 (2017-2020)[1].

Com uma trajetória destacável, o PROURB é reconhecido nacional e internacionalmente por sua inserção, pela qualidade de sua produção científica docente e discente e pela formação de doutores e mestres premiados. Através da justaposição de saberes urbanos, teóricos e práticos, o discurso institucional do PROURB sempre reforça o seu empenho no desenvolvimento do conhecimento científico e no avanço de discussões caras à área do Urbanismo e à sociedade. A questão de gênero certamente não escapa disso.

Nesse sentido, é pertinente proceder à análise quantitativa dos diplomados do programa, aspecto de relevância preeminente para o escopo em discussão.

---

1   A Coordenação de Aperfeiçoamento de Pessoal de Nível Superior (CAPES) é uma agência de fomento que conta com diversas modalidades de bolsas e auxílios, sendo responsável por 55% das bolsas de mestrado e doutorado no Brasil. Além disso, também atua como um órgão de avaliação, estando seu fomento vinculado à avaliação dos programas de pós-graduação. A classificação dos cursos de mestrado acadêmico, mestrado profissional e doutorado é realizada em regime de triênio e suas notas vão de 1 a 7. Os conceitos 1 e 2 implicam o descredenciamento do curso, enquanto as notas de 3 a 5 equivalem respectivamente a "regular", "bom" e "muito bom". Os conceitos máximos 6 e 7, por sua vez, expressam excelência constatada em nível internacional.

No gráfico abaixo, portanto, registra-se a distribuição do montante de egressos de 1995 — primeiro ano de diplomação, após 1993 — entre homens e mulheres no curso de Mestrado Acadêmico. Fica evidenciado que da década de 90 para cá, dentro de um contexto mais favorável, essa sobrerrepresentação feminina foi se impondo gradualmente. Nos primeiros anos de programa verifica-se uma formação maior de homens que aos poucos vai se equilibrando e sendo ultrapassada. Por fim, chega-se em 2021, onde há uma diplomação inteiramente feminina.

Figura 4: Gráfico com o levantamento de Egressos do Mestrado Acadêmico de 1995 a 2021

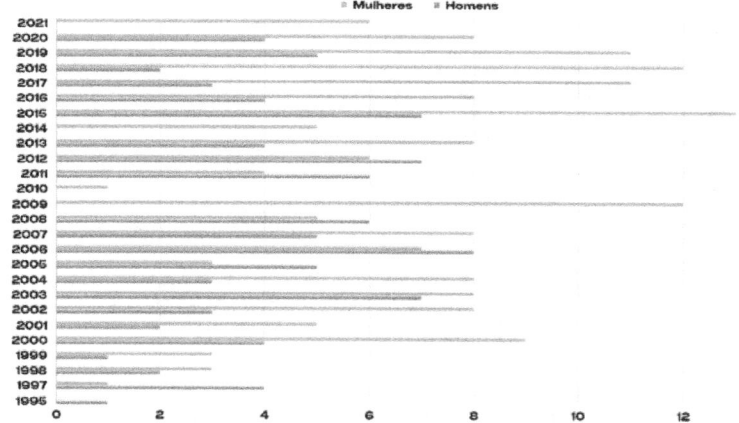

Fonte: Elaboração própria baseado em registros oficiais do PROURB/FAU-UFRJ, 2023.

É ilustrativo, para uma melhor compreensão do conceito de hiato de gênero, sobrepor o gráfico anterior com o equivalente aos egressos do doutorado, logo abaixo. Desse modo, identifica-se sem dificuldades o quanto o hiato de gênero é ressaltado neste patamar educacional, dado que é um gráfico moderadamente equilibrado entre homens e mulheres nos anos mais contemporâneos — o que o difere das proporções do mestrado acadêmico — e onde intervalo de formação de maioria masculina é mais longo, indo até

2008. De qualquer forma, é plausível sustentar que há uma situação muito mais oportuna à formação de doutoras em Urbanismo, mesmo que o lapso entre as duas formações de pós-graduação seja incontestável.

Figura 5: Gráfico com o levantamento de Egressos do Doutorado de 2003 a 2021

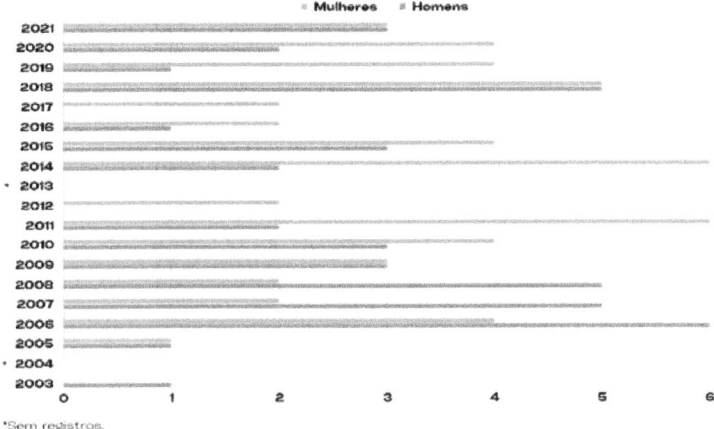

Fonte: Elaboração própria baseado em registros oficiais do PROURB/FAU-UFRJ, 2023.

Mediante o exposto, é possível constatar, como conclusão, que o PROURB é um produto do tempo em que se insere, refletindo, portanto, uma maior equidade e até, em alguns momentos, sobrerrepresentação feminina na pós-graduação. Apesar disso, sofre também com as contradições e os desafios próprios do seu contexto, ao enfrentar a persistência de inequidades que, embora mais fragmentadas que outrora, apresentam-se ainda em estamentos mais elevados do Ensino Superior.

Conclusão

Não obstante seja notório que grandes conquistas tenham sido alcançadas com o passar dos anos, ainda é sensível que há lacunas que o levantamento de números frios não consegue tatear. É fundamental, no entanto, identificar esses distúrbios para que seja possível delinear novas estratégias de superação do problema.

Destaca-se que tais lacunas tangem, primeiramente, uma relação feita por diversas autoras do tema entre áreas de conhecimento de sobrerrepresentação feminina com setores profissionais desvalorizados financeiramente, bem como sua subrrepresentação geral em áreas Exatas (LENOIR; FERREIRA; AMORIM, 2022).

Em segundo lugar, o hiato de gênero é um fator a ser melhor sondado, visto que, da mesma forma que pode ser notado quando gráficos de egressos do mestrado e doutorado são contrapostos, é razoável garantir que seria capaz de ser verificado nos quadros de pesquisadores e docentes das Universidades igualmente. Isso porque levando em conta todo o espaço temporal a ser percorrido pelas mudanças dentro das formações acadêmicas, é factível que tal fenômeno seja reproduzido nos níveis internos.

Por fim, algo ainda mais delicado que as proporções dos gráficos produzidos e examinados não alcançam é o trajeto pelo qual essas formações estão sendo empreendidas. Certamente, há casos de dupla, tripla e até quádrupla jornada, onde a mestranda ou doutoranda precisou fazer seu curso acadêmico tendo que lidar ainda com uma gestação ou a criação de seus filhos, trabalho formal e cuidados domésticos, para não citar ainda qualquer tipo de insegurança financeira, situação comum entre pesquisadores em geral. Esses são só alguns aspectos em que os algarismos não esbarram e que nem por isso deixam de pesar nos ombros femininos.

Decerto seja tempo de discutir mais seriamente e propor novas políticas públicas que aprovisionem o suporte necessário às mulheres em ambiente acadêmico e em toda sua cadeia. É basilar que se avance com a pauta de gênero — juntamente a outros recortes, como raça, renda e sexualidade — dentro de fóruns de debate pedagógico em diálogo com governanças do Estado para que seja viável o estabelecimento de um sistema educacional — em todos os níveis — com uma configuração melhor aferida e equânime para todos. Para isso, ressalta-se a importância do desenvolvimento de novos estudos nesse escopo que promovam o progresso dessa discussão tão cara.

Agradecimento

À Coordenação de Aperfeiçoamento de Pessoal de Nível Superior (CAPES), pelo suporte e fomento financeiro à pesquisa, por meio do Programa de Excelência Acadêmica (PROEX).

Referências

BELTRÃO, Kaizô Iwakami; ALVES, José Eustáquio Diniz. A reversão do hiato de gênero na educação brasileira no século XX. **Cadernos de Pesquisa**, v. 39, p. 125-156, 2009.

CIRANI, C. B. S.; CAMPANARIO, M. A.; SILVA. A evolução do ensino da pós-graduação senso estrito no Brasil: análise exploratória e proposições para pesquisa. **Avaliação**, v. 20, n. 1, mar. 2015, Campinas; Sorocaba, p. 163-187.

GUEDES, Moema de Castro. A presença feminina nos cursos universitários e nas pós-graduações: desconstruindo a idéia da universidade como espaço masculino. **História, Ciências, Saúde** – Manguinhos, Rio de Janeiro, v. 15, supl., p.117-132, jun. 2008.

LENOIR, Luciana Santos; FERREIRA, Maria da Luz Alves; AMORIM, Mônica Maria Teixeira. Correlações entre pós-graduação, gênero e mercado de trabalho. **Confluências | Revista Interdisciplinar de Sociologia e Direito**, v. 24, n. 3, p. 33-51, 2022.

PERROT, Michelle. **Minha história das mulheres**. São Paulo: Contexto, 2007.

PROGRAMA DE PÓS-GRADUAÇÃO EM URBANISMO. **PROURB**, 2023. Alunos Egressos (Integrantes). Disponível em: http://www.prourb.fau.ufrj.br/integrante/alunos-egressos/. Acesso em: 20 de junho de 2023.

YANNOULAS, Silvia Cristina; VALLEJOS, Adriana Lucila; LENARDUZZI, Zulma Viviana. Feminismo e Academia. **Revista Brasileira de Estudos Pedagógicos**, Brasília, v. 81, n. 199, p. 425-451, set./dez. 2003. Disponível em: http://rbep.inep.gov.br/index.php/rbep/article/view/957/931. Acesso em: 9 jun. 2016.

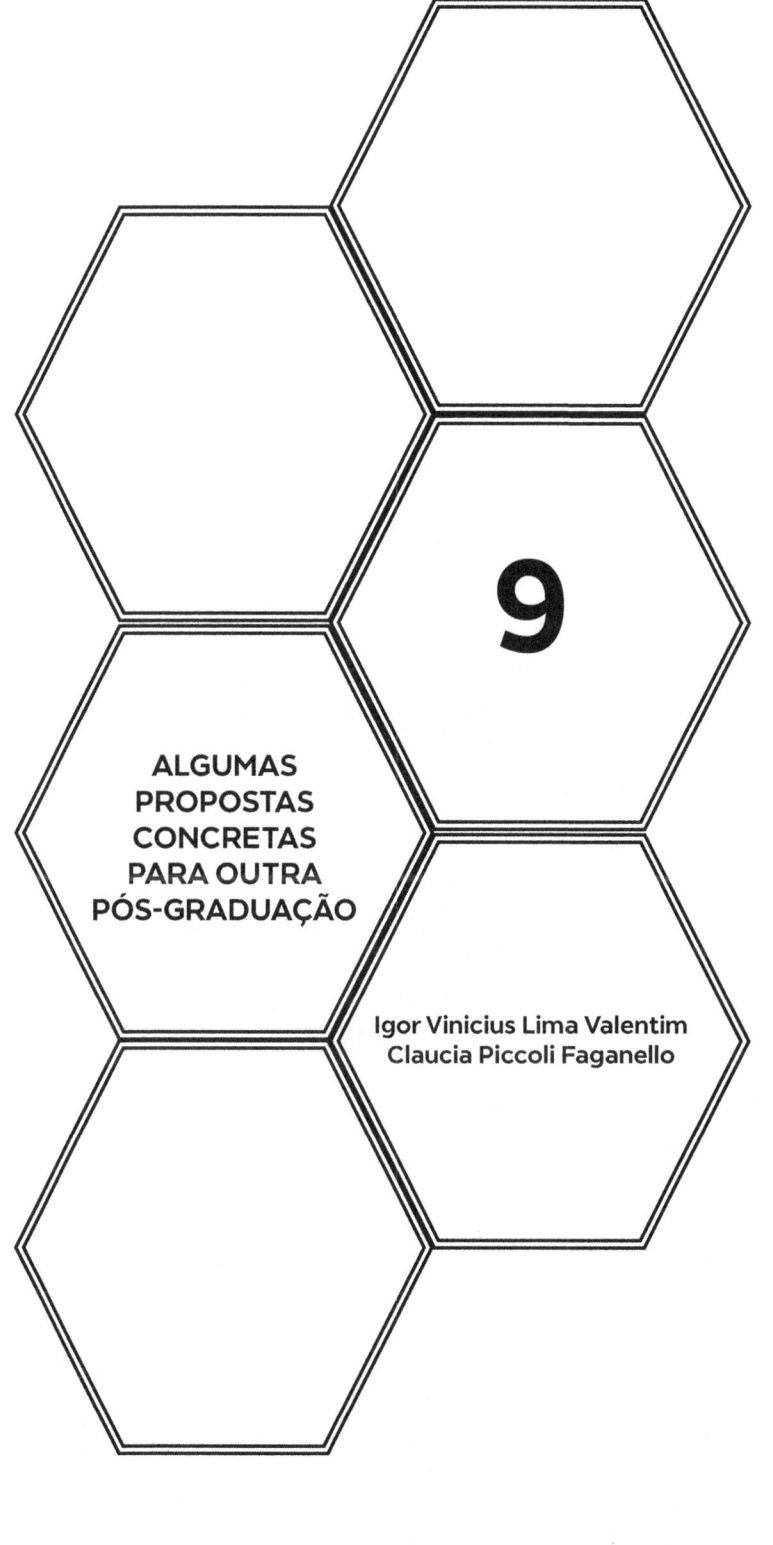

9
ALGUMAS PROPOSTAS CONCRETAS PARA OUTRA PÓS-GRADUAÇÃO

Igor Vinicius Lima Valentim
Claucia Piccoli Faganello

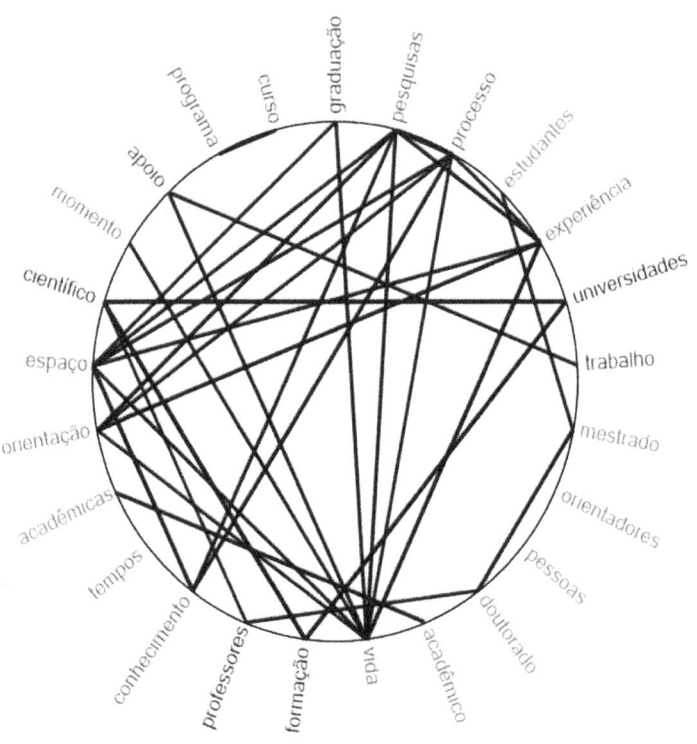

ALGUMAS PROPOSTAS CONCRETAS PARA OUTRA PÓS-GRADUAÇÃO

Será que temos conclusões/considerações finais ou o início de diversas provocações que nos levarão a reflexões e ações?

Podemos falar que o evento *Construindo Outra Pós-graduação 2023 - edição Portugal* - finalizou e dele resultou essa coletânea de textos, mas também que a partir dele pode se construir um coletivo que vise mudanças na Pós-Graduação. Para tal, é preciso buscar práticas transformadoras nos espaços de atuação, acreditando que micro ações são necessárias para inspirar mudanças mais profundas e estruturais.

Esse livro contém as reflexões e propostas de acadêmicos questionadores e/ou incomodados com a forma como a Pós-Graduação é construída. É um convite à reflexão, mas não a qualquer reflexão: àquela que desacomoda, que nos move no dia a dia, que faz com que a gente busque a realização de ações concretas.

O evento, com dois dias de discussões no formato online somados a um dia de trocas e confraternização presenciais, mostrou que futuros diferentes para a Pós-Graduação são possíveis.

Tivemos participantes de quatro países (Brasil, Portugal, Índia e EUA) em um evento bilíngue que deixou claro que o Brasil pode e deve não apenas ser um participante de eventos estrangeiros, mas o propositor de eventos internacionais. Temos plena capacidade, competência e atratividade global. É preciso valorizar o que fazemos e o que podemos fazer.

Esperamos que os textos aqui trazidos transmitam um pouco do que sentimos nesses dias e sejam um convite na direção do engajamento por mudanças na Pós-Graduação.

Esse convite - à reflexão e à ação - não é um ponto de chegada, mas sim um ponto de partida para uma jornada coletiva rumo à transformação. Reconhecemos que a construção de futuros alternativos para a pós-graduação requer a colaboração contínua entre estudantes, professores e pesquisadores, em um esforço conjunto para repensar, redesenhar e reconstruir os paradigmas, as relações interpessoais e as instituições ligadas à Pós-Graduação.

Além disso, enfatizamos a importância de integrar no diálogo as vozes marginalizadas e as perspectivas críticas, dissonantes, e/ou subrrepresentadas, assegurando que a diversidade de experiências e conhecimentos contribua para a riqueza das nossas discussões e práticas.

É preciso, também, abraçarmos abordagens inter e transdisciplinares não apenas para ampliar nossos horizontes teóricos e metodológicos, mas principalmente para enxergar e sentir o mundo de modo mais horizontal, interconectado e interdependente, fortalecendo nossa capacidade de responder de maneira criativa e eficaz aos complexos desafios sociais, econômicos e ambientais que marcam o nosso tempo.

Portanto, este livro não representa um fim, mas um convite à continuidade da ação e ao engajamento ativo. Que as reflexões aqui compartilhadas inspirem não apenas o questionamento crítico, mas também a implementação de práticas inovadoras que possam fomentar ambientes mais dinâmicos, inclusivos e transformadores nas pós-graduações. Mais solidários. Mais igualitários. Mais justos.

Encorajamos a todos e a todas a se juntarem a nós nesta missão, contribuindo com suas visões, experiências e energias para a construção coletiva de outra pós-graduação.

Juntos temos o poder não apenas de sonhar com futuros alternativos, mas de torná-los realidade através de nossas ações cotidianas e compromissos compartilhados. Vamos avançar, inspirados pela esperança e pela determinação, cientes de que cada passo que damos em direção à mudança é um tijolo na construção do futuro que desejamos para a pós-graduação e para a sociedade como um todo.

Nos sentimos muito gratos e alegres por tanta confiança em nosso trabalho e por acreditarem que uma pós-graduação diferente é possível. Sigamos juntos e somando esforços por mudanças, pois somos mais fortes em coletivo.

Por fim, como tanto o evento quanto este livro

têm a ideia norteadora de que não fiquemos apenas nas (necessárias) reclamações, mas avancemos com propostas concretas de mudanças, os leitores e as leitoras encontrarão, nas páginas a seguir, que concluem esta obra, alguns diagramas que elaboramos a partir das propostas dos autores e autoras que construíram conosco esta obra. As contribuições deles e delas foram tão ricas, tão significativas, tão urgentes e necessárias para que possamos imaginar e construir outra Pós-Graduação, que não gostaríamos que elas ficassem restritas apenas aos textos.

Resolvemos experimentar um exercício livre, a partir da leitura e releitura de todos os textos do livro, em busca de uma síntese mais visual, alinhada a uma divulgação científica mais ampla e irrestrita, que ultrapasse os muros da academia e possa dialogar com outros meios e públicos. Viajamos nas histórias de cada uma e cada um. No fim, o que fizemos foi uma interpretação de como os capítulos das autoras e dos autores mais nos marcaram, mais nos afetaram, o que pode ou não refletir as visões delas e deles sobre suas próprias contribuições. Por isso, a construção dos diagramas foi mais que uma síntese: ao mergulhar e revisitar todos os textos, foi possível um exercício de imaginação, de construção de pontes, linhas, arranjos, rearranjos e conexões.

Experiência sensível de pesquisa

Samanta Borges Pereira
Flávia Naves

- ENCONTROS INFORMAIS AMIZADE COMPANHEIRISMO
- FORTALECER POLÍTICAS AFIRMATIVAS
- DIÁLOGO E TRANSPARÊNCIA SOBRE REQUISITOS FORMAIS
- DIALOGAR SOBRE A PRÓPRIA PÓS
- GARANTIR CONDIÇÕES MATERIAIS E SOCIAIS
- AMBIENTE + COLABORATIVO - COMPETITIVO
- DESOBEDIÊNCIA É NECESSÁRIA
- LIMITES DE ORIENTAÇÃO: TEMPO DE QUALIDADE E DEDICAÇÃO
- MINIMIZAR OPOSIÇÃO DOCENTE - DISCENTE

ALGUMAS PROPOSTAS CONCRETAS PARA OUTRA PÓS-GRADUAÇÃO 159

Romper barreiras
Juliana Crespo Lopes

DISCIPLINAS NOTURNAS

ACOLHIMENTO E ORIENTAÇÃO RESPEITANDO PERFIL DISCENTE

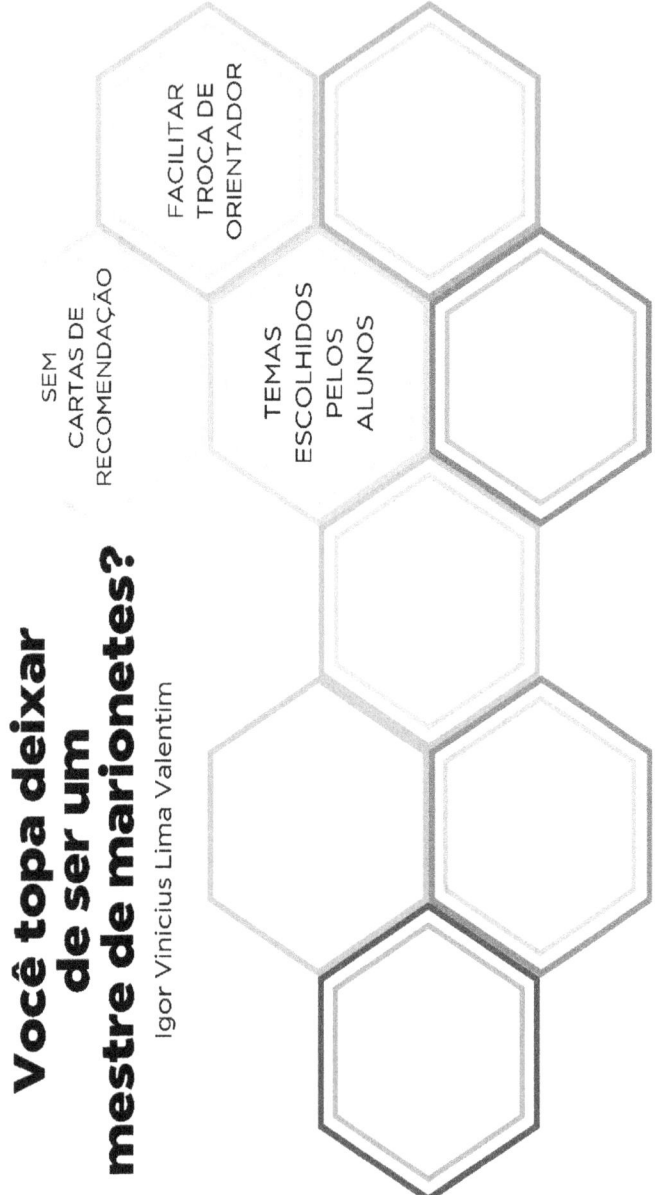

Afetividade e vínculos na Pós-Graduação

Rosiane Alves Palacios

Das contradições e perversões que são ministradas nas universidades

José Maria Carvalho Ferreira

Não caminhamos sós

Cláucia Piccoli Faganello

REDES DE APOIO

Panorama da participação feminina na Pós-Graduação em Urbanismo

Nátali Roberta de Sousa Nuss

DESIGUALDADES DE GÊNERO: MÚLTIPLAS JORNADAS FEMININAS

ALGUMAS PROPOSTAS CONCRETAS PARA OUTRA PÓS-GRADUAÇÃO 165

24 propostas

(numa interpretação do Igor)

ÍNDICE REMISSIVO

A

abandono 34-36, 43, 79, 81

abraçarmos 156

abuso 97, 100

academia 16-17, 35, 37, 41, 45, 52, 65, 76, 78-79, 88, 90, 93, 100, 127-128, 134, 139, 141, 143, 145, 151, 157

ação 57-58, 78, 106, 108, 112, 115, 155-156

acaso 26, 73

aceitação 36

aceite 67

acesso 17, 46, 54, 57, 67, 81, 105, 112, 117, 119-120, 139-141, 145, 151

ações 16, 21, 78, 81-82, 110, 155-156

acolhedor 87, 90, 99

acolhimento 41, 95

acompanhamento 38

aconselhamentos 30, 37

acontecimento 32, 35-36, 45

acriticismo 115

adaptação 87, 97, 102

adoecimento 36, 46, 69, 90

afetivas 25, 28, 43, 89, 93, 98

afetividade 19, 85, 88-93, 95, 97-102

afeto 41, 89-90, 93

afinidade 41

agenda 68, 70

agir 38, 56, 67

ajuda 40, 42, 44, 64, 70, 95, 100, 130, 133

alegria 31, 63, 74, 81-82

alianças 25, 30

alternativas 47, 141

alunos 19, 77, 88, 90-91, 93-94, 96-97, 99, 106, 109, 111-114, 116-117, 119-120, 128, 144, 151

alunos-egressos 151

amadurecimento 26, 42

ambiente 28, 36-37, 43-45, 78, 87-92, 96-97, 99-100, 129-130, 149

ameaçador 80

amigos 44, 87, 92, 95-97, 132

amistoso 87, 91

amizade 26, 41-42, 45, 100

análise 34, 91, 94, 106, 109, 120, 126, 139-140, 146, 150

angústias 26, 29-30, 95

animais 20, 115, 118, 121

anonimato 26

anpg 30, 46

ânsia 95

ansiedade 30, 88, 91, 95, 101, 130

antídoto 18, 23, 26, 36, 45

antiexperiência 34-35, 37

antiexperiências 18, 23, 25-26, 31, 36, 43, 45

antinaturais 36

anuência 80

apoio 20, 26, 28-30, 37-39, 42, 44, 68, 96, 123, 125-128, 130, 132-134, 140

aprender 31, 34, 58, 70, 73-74, 87, 114

aprendizados 27, 126, 133

aprendizagem 37, 70, 89, 98, 108, 111, 113, 119

apresentação 18, 63, 65, 70, 94, 127, 140

aprovação 68, 80

argumentação 32

ÍNDICE REMISSIVO

arriscado 67

arrogância 18, 32

aspirações 79, 126

assédios 16

atitudes 69, 78, 82, 88

atividades 18, 25, 47, 79, 87, 94, 133, 146

aula 27, 31-32, 41, 43, 53, 93-94, 109, 112, 119

ausência 32-33, 35-36, 90

autoavaliação 16

autobiografia 91

autoconfiança 29

autocracia 29

autocrítica 16

autodestruição 83

autoetnografia 19-20, 64, 67, 85, 91, 123, 126-127, 135

autonomia 20, 26, 28, 38, 68-70, 72, 74-75, 82, 90, 101, 113

autor 19-20, 25, 27, 31-32

autoral 71, 73, 78, 81

autoria 16, 19, 74-75, 82

autoridade 107, 109-110, 112-114, 117, 119-121

avaliação 19, 59, 66, 74, 76-77, 87, 93, 140, 146, 150

B

barreiras 19, 28, 49, 56, 88

bem-estar 88, 99, 110, 128, 132-133

Brasil 17-18, 29, 72, 89, 91, 96, 101, 132, 141-144, 146, 150, 155

brincadeira 33-34

burnout 16, 81-82, 100

burocracias 39

busca 46, 53-54, 63, 82, 88, 126, 129, 133, 157

C

café 40

cafetinagem 16, 64, 67-68, 102

calar 32

calma 63, 77

caminhada 31, 128, 131, 133-134

caminho 21, 25, 36, 38-39, 48, 51, 57, 67-68, 77, 91, 126, 129-130, 134

campo 25, 33, 43, 72, 95, 118, 129

candidatos 19, 66-68, 72-73, 75-78

capacidade 31-32, 78, 113-115, 117, 120, 155-156

Capes 99

capitalismo 83, 105-106, 108-113, 115, 119

caráter 28, 63, 77

carrasca 34-35

carreira 53, 92, 100, 125, 131

cartas 19, 64, 75-78, 80-81

casa 41-42, 56, 95

caso 15, 47, 68, 77, 92-93, 95, 97, 100, 115

cenário 140, 142, 145

certeza 34, 51, 58, 74

ciência 25, 27, 43, 45, 51-52, 88, 100, 106, 111, 116, 121, 129, 134

civilização 115

clima 29, 77, 88, 94, 99

coação 120

coerência 28

colaboração 99, 155

colegas 27, 30, 37, 40, 56, 77-78, 90, 93, 95-98, 126, 130, 132

colegiado 77, 80

coleta 95

companheirismo 26, 45

compartilhar 30, 41, 70, 95, 130

ÍNDICE REMISSIVO 169

competências 105, 107-111, 113-114, 116-117, 119

competição 71, 81, 93, 129

complementaridade 71, 116, 118

complexidade 31, 125-126, 133

compreensão 29, 35, 125-126, 140, 147

comunicação 80, 94, 105, 131, 134

comunidade 76, 130

conclusão 46, 56, 133, 148-149

conexões 40-42, 44, 130, 157

confiança 30, 92, 156

conflitos 27, 30, 106, 109, 119-121

conformidade 78, 81, 107

confraternização 155

conhecimento 25-26, 29-32, 36, 42-46, 71-72, 89-91, 105, 108, 112-117, 119-120, 129-130, 134, 139, 146, 149

conquistas 131, 149

consciência 30, 46, 133, 141

conservador 77-78

consumo 107, 110-111, 113, 116, 118

contágio 74, 94

contingências 112, 116-117, 119-121

contradições 20, 103, 106, 109, 111, 114, 118-121, 148

controladora 37-38

controle 70-71, 118

conversas 40, 95, 135

cooperação 65, 87, 92-93

cooperativo 87, 91

Covid-19 16, 94, 100, 120

crescimento 108-109, 129

criatividade 46, 68-69, 74-75, 78, 82, 113

critérios 66

crítica 25, 27, 30, 32-33, 46, 74, 114, 125, 128

cuidado 26, 55, 88, 90, 128

cultura 64, 70, 74, 79, 81, 90

curiosidade 65, 70, 72-74, 88, 100, 134

curso 19, 55-56, 64, 66, 69, 78, 81, 88-89, 94, 96-97, 142-144, 146-147, 149

D

dados 53, 73, 91-92, 94-95, 133, 140

debates 18, 63-64, 88, 141

deboche 34

decepção 28

decisão 77, 80, 107, 109-110, 113-114, 119-121

decolonialidade 51

dedicação 28

defesa 34, 73, 76

demandas 19, 29, 45, 55-59, 87, 96, 133

democrático 58, 90

denúncia 18

dependência 29, 42, 81, 107

depressão 88, 95, 101

desafios 17, 20, 65, 72, 96, 98, 118, 125-126, 129-130, 132-134, 139, 148, 156

descanso 41-43, 95, 132

descompasso 29

desconfortos 66

desejo 28, 63, 67, 70, 129

desequilíbrio 33, 39, 44

desigualdades 16, 145

desobediência 18, 44

despreparo 28, 34

determinação 117, 156

ÍNDICE REMISSIVO

diálogo 27, 30, 45, 57, 88, 90, 127-128, 134, 150, 156

diferenças 39, 71-72, 97, 119, 130

dificuldades 30-31, 39-40, 45, 51, 102, 129-130, 132-133, 147

dilemas 114, 118

dinheiro 109, 115

direito 51, 55, 107, 111, 141, 150

discente 28-29, 45, 77, 89-90, 97, 146

disciplina 29, 32, 52-53, 55, 93-94

dissertação 25, 27, 30, 43, 51, 74, 87, 94-95, 125-127, 131, 133

diversidade 33, 109, 115, 119, 121, 139, 156

docente 28-29, 45, 56, 73-74, 79, 90, 94, 97, 102, 146

docente-discente 90

documentação 77, 96

doçura 34-35

dominação 38, 110

dores 31, 37

doutorado 17, 19-20, 26, 37, 40, 48, 51, 54-57, 66-67, 70, 76-78, 85, 88, 92, 95-98, 105, 109, 112-114, 118, 125, 129, 132, 140, 146-149

dúvidas 33, 94-95, 125

E

economia 48, 101, 108, 111

editais 66, 76, 96

educação 16, 46, 52-54, 58-59, 69, 75, 87, 89-90, 98-102, 109-111, 119, 134-135, 141, 145, 150

efeitos 20, 112, 115, 121

egressos 147-149, 151

emergência 94, 105-106, 110, 112, 119

emocional 35, 90, 96-97, 99, 113-114, 117, 121, 125, 132-133

emoções 88, 91, 99, 126-127

empatia 34-35, 42, 93

empenho 146

encontros 30, 37, 45, 57, 94, 128

energia 35, 113, 116

ensino 39, 59, 64, 89, 92, 94, 96, 98, 105, 114, 120, 141-145, 148, 150

epistemologias 51, 107, 114, 118-119

equilibrio 57, 125, 129, 131-134

errar 37-38

escolha 19, 26, 66, 69-70, 87, 91

escravidão 20, 115, 121

escrita 56, 127

escuta 15, 65, 93, 97, 100, 134

esforço 52, 145, 155

espaço 30, 35-38, 57-58, 66, 88, 93, 95, 97, 108, 112-113, 118-119, 121, 125, 128, 134, 139, 149-150

espaço-tempo 108, 112-113, 118-119, 121

espontaneidade 20, 82

estratégias 17, 65, 111, 134, 149

estratificação 111-112, 114, 121

estresse 34-35, 88, 94-95

estruturas 45, 72, 87, 105, 107-108, 113, 117, 119

estudantes 17, 19-20, 30, 32, 52, 54-59, 64, 66-69, 71-72, 74-75, 78-81, 100-101, 108, 110, 112, 114, 117-121, 126, 130, 134, 140-141, 144, 155

estudo 19, 25, 27, 47, 56, 58, 87-91, 94, 100-101, 125-129, 132-134, 139-140, 142-143

ética 47, 88, 115

exercicio 21, 29, 99, 112, 114, 119, 127, 157

exigências 45, 55, 59, 67, 105, 108-109, 111-112, 131, 134

existência 19, 31, 35, 39, 97, 139

experiência 18-19, 23, 25-27, 29-35, 37-48, 71, 94, 96, 98, 126, 128, 131-

ÍNDICE REMISSIVO 171

135

experimentações 38, 135

exploração 20, 110, 115, 120-121, 125-126, 134

F

família 41, 44, 92, 94, 96, 132

feedback 31, 56

férias 52, 57, 131

fomento 139, 146, 150

formação 29-30, 39, 47, 57, 71, 87-88, 91, 105, 108-109, 111-114, 116-120, 125, 128, 133, 139, 146-148

fracasso 45, 58

fragilidades 42

fraude 45, 92

frustração 28, 94-95

funcionários 106, 109-113, 116-117, 119-121

futuros 63, 66, 68, 77, 99, 134, 155-156

G

gênero 20, 28, 63, 139, 141, 144-147, 149-150

gestão 47, 65, 128, 135

guerra 105, 108

H

hierarquia 70-71, 79

hipóteses 105, 107, 117

horários 55

horizontalidade 20, 113

hostilidade 26, 31-33, 43

humanidade 30, 35

humilhação 35

I

identidade 125-126, 130, 133

impacto 66, 99, 101, 116

impostor 81-82, 91-92, 130

incapacidade 20, 121

incerteza 35, 94, 96

independência 29, 72

indignação 93

individualismo 41

influência 79, 110, 120, 125

informalidade 20

ingresso 87, 96, 141

inscrição 67, 72, 76-77

insegurança 31, 79, 81, 149

instabilidade 34-35

instituição 53, 57, 78, 92, 109

intelectuais 25, 51, 133

inteligência 89, 98, 112, 117

intenção 63-64, 66

intensidade 31, 42, 131

interações 29, 37, 39-40, 106, 113, 117, 120

interdependência 42, 116, 118

interesses 28, 58, 67, 69, 72-73, 87, 109, 115

intimidade 31

invenção 75, 82

inventividade 78

investigação 27, 126, 133, 140

ironia 26, 33-34, 43

isolamento 30, 36, 95

J

jogo 82, 120

jornada 87, 92, 125-126, 129-134, 149, 155

L

laboratório 42

172 ÍNDICE REMISSIVO

laços 45, 87, 90, 97

lacunas 30, 73, 134, 149

legitimidade 110, 112

leituras 21, 26, 56, 74, 87, 92, 94

liberdade 20, 29, 80, 113-114

licença 55

licenciaturas 105, 107-108

liderança 107, 109-110, 113, 120-121

limites 34-35, 39, 45, 111, 125

linguagens 112-113, 117, 121

lógica 42, 116, 119, 128

M

machismo 93

mal-estar 135

medo 17-18, 51, 67, 79, 81, 83, 94, 102

mentira 20, 115

mestrado 17, 19-20, 51-57, 66-67, 70, 76-78, 85, 87, 92-96, 98, 105, 109, 112-114, 118, 120, 125, 129, 132, 140, 146-147, 149

mobilidade 96-97, 112

motivação 88, 98-99, 132

movimento 25, 58, 82, 90, 96, 141

mudanças 15-21, 61, 63-64, 110, 113, 139, 145, 149, 155-157

mulheres 21, 93, 139-145, 147, 149, 151

N

narrativas 26, 31, 43-44, 48

neoliberalismo 83, 128, 135

O

obrigatoriedade 76-78

obstáculos 31, 33, 35, 39, 43, 54, 133

ofensas 18

omissão 114-115

oportunidade 27, 37-38, 40, 42, 54, 57, 77, 94

opressão 35

orientação 18, 27-31, 33-34, 37-39, 42, 44-45, 47, 57-59, 66, 79-81, 99, 112

orientador 19, 34-35, 38-39, 46-47, 64, 66-68, 70-75, 78-82, 99, 114, 117-118, 128-129

P

pandemia 90, 94-95, 100-101, 128, 132

paradigmas 59, 114-115, 120, 155

participação 20, 30, 114, 117, 120, 133, 137, 140, 143

patologias 88, 95

pedagogia 56, 90, 101, 106, 116, 118

percepção 51, 53, 130

percurso 20, 78, 91, 127, 129

perda 34-35

perfil 19, 33, 45, 54, 58

performance 96, 127

permanência 51, 54, 89

persistência 148

perspectiva 25, 34, 45, 53, 88, 130, 139, 141, 143

pertencimento 88, 130

perversões 20, 103

pesquisa 18-19, 23, 25-37, 39-48, 53, 57, 64-66, 68-70, 73-75, 80-81, 87-88, 90-92, 95-96, 102, 105, 108-109, 111-114, 116-120, 125, 127-129, 131, 133, 150

pesquisadores 17, 25-26, 28-29, 31, 36, 42-44, 46, 48, 68-69, 75, 78, 87, 97, 114, 149, 155

piada 41-42

pobreza 20, 115

poder 26, 29, 33, 35, 41, 51, 63, 65, 70, 81, 87, 95, 100, 109, 114-115,

ÍNDICE REMISSIVO 173

119-121, 156

polêmicas 16-17

política 65, 93, 106-107, 111, 115, 119

pós-graduação 13, 15-21, 23, 26-31, 33-34, 36-37, 41-49, 51, 53-59, 61, 63-66, 69, 75, 78-79, 81-83, 85, 87-92, 95-101, 105-114, 116-117, 119-121, 123, 125-134, 137, 139-140, 144-146, 148, 150-151, 153, 155-157

pós-graduandos 46, 90-91, 96, 98, 128-130, 135

PPG 20, 28, 54-55, 66, 68, 70, 72-76, 79-80, 87, 91, 94, 96

práticas 19, 28, 34, 36, 57, 88, 97-99, 155-156

prazer 28, 31, 117, 141

prazo 88, 90, 97

precariedade 131

preocupação 87

preparação 66, 76, 96-97

presença 40, 46, 58, 112-113, 116-117, 120, 127, 132, 140, 150

pressão 43, 55, 91, 119, 129-131

prestígio 107, 115, 118

princípios 29-30, 109-110

prioridades 90

privilégios 108

problemas 15-17, 19-20, 39, 58, 64-65, 72, 130

procrastinação 56

produtividade 20, 91, 99, 115, 128

produtivismo 30, 43, 83

professores 17, 39, 63, 66, 70, 72, 74-78, 81, 97, 106, 109-114, 116-117, 119-121, 155

projeto 28, 66-67, 73-74, 76, 78, 81, 94-95, 97, 118, 129

propostas 15-17, 19, 21, 61, 63-64, 67-68, 72, 81, 153, 155, 157

provocação 51, 57-58

Q

qualidade 45, 68, 99, 131-132, 146

qualificação 52, 94-95, 97

questionamentos 63-64, 66

R

racismo 65

receio 33, 96

receptividade 40

reconhecimento 28, 39, 99, 125

redes 20, 30, 37, 99, 112, 117, 123, 125-128, 132-134

reflexões 47, 51, 66, 81, 110, 125-126, 133, 139, 155-156

regulamento 74, 80

relações 16, 18-19, 26-28, 30-33, 36-37, 39-45, 47, 52-53, 57, 59, 65, 67, 70-71, 75-76, 79, 88-90, 93, 97-99, 102, 106, 109-111, 113-117, 119-121, 134, 156

relatos 26, 34, 36, 55, 58, 87, 98

renda 16, 139, 149

representações 40

respeito 20, 28, 54, 139, 143

risco 18, 33, 38, 100

riscos 26, 40, 84

ruptura 135, 141

S

saberes 25, 40, 52, 71-72, 101, 105-106, 108, 111, 117, 146

satisfação 29, 92

saúde 44, 58, 88, 90, 96-99, 101, 110, 127, 133-134, 150

seleção 52, 55, 66-68, 73, 76, 78, 92, 95

semestre 52, 55, 93-94

sensação 92, 95, 130

sensível 18, 23, 25, 27, 30-33, 35, 37,

ÍNDICE REMISSIVO

40, 42-43, 45, 47-48, 145, 149

sentimento 35, 71, 81, 88, 92

sindrome 81-82, 91-92, 98, 130

sobrecarga 28, 39

sobrevivência 46, 125

sociabilidade 88

sofrimento 26, 31, 47, 51, 56, 128, 135

solidão 26, 29, 36, 40, 43

solidariedade 130

sonhos 70, 72, 82, 84

sororidade 93

subjetividades 26, 34, 128

subserviência 79, 81

sucesso 17, 89, 99, 126, 129

superação 144, 149

sustentabilidade 107, 113

tabu 88, 128

tensão 32, 67

tesão 69, 74, 82

tese 25-27, 30, 42-44, 46, 48, 51, 72, 74, 87, 114, 125-127, 131, 133

tradição 76-77

tragédia 115

trajetória 20, 27, 40, 51, 64, 66, 71, 76, 91, 125-126, 128, 130-131, 133-134, 146

transformação 32-33, 37, 39, 63, 82, 112, 127, 131, 155

transparência 45, 80

traumático 79

travessia 37

troca 15, 32, 40, 43, 79, 97, 107, 110-111, 113, 116, 118

turma 41, 55, 93-94

universidades 16-17, 19-20, 59, 70, 90, 93-94, 96-98, 100, 103, 105-121, 128, 131, 135, 141, 143, 149

universitários 70, 109, 150

##

vinculos 19, 33, 42, 85, 96-98, 128

violência 32, 34-36

vivências 15, 19, 51, 85, 87, 91, 97-98, 127

vozes 47, 156

vulnerabilidade 33, 35

SOBRE AS AUTORAS E OS AUTORES

CLAUCIA PICCOLI FAGANELLO

Curiosa, inquieta e questionadora.

Graduada em Administração: Gestão Pública (UERGS) e Direito (UniRitter), especialista em Gestão Pública Municipal (UFRGS), mestre em Sociologia (UFRGS) e atualmente doutoranda em Administração (PUCRS).

Quem quiser trocar experiências e construir pontes, pode entrar em contato através do e-mail claucia.f@gmail.com

FLÁVIA NAVES

Doutora em Ciências Sociais, docente da Faculdade de Ciências Sociais Aplicadas da UFLA, pesquisadora e coordenadora do Laboratório de Estudos Transdisciplinares (LETRA).

IGOR VINICIUS LIMA VALENTIM

Nasci no Rio de Janeiro e sempre adorei viver uma vida quase nômade. As histórias das pessoas me fascinam. Morei em lugares como Porto Alegre, Balneário Camboriú, Itajaí, Criciúma, Ribeirão Preto, Itapiranga, Lisboa (Portugal) e na ilha de São Miguel, no meio do oceano atlântico, no arquipélago dos Açores. Atualmente trabalho na UFRJ, na Graduação e no Programa de Pós-Graduação em HCTE.

Encantam-me temas polêmicos, pouco discutidos, jogados para debaixo do tapete ou deixados nos bastidores. Alguns assuntos com os quais tenho trabalhado: cafetinagem acadêmica, poder, curiosidade, pesquisa qualitativa, autoetnografia, cartografia, metodologias ativas, educação, universidade, transdisciplinaridade, subjetividade e confiança.

Você pode me achar no Youtube Experiências e Epifanias ou por e-mail: valentim@gmail.com. Anteriormente, escrevi algumas coisas, tais como:

- Cafetinagem acadêmica, assédio moral e autoetnografia
- Metodologias ativas no ensino remoto: uma autoetnografia
- Metodologias ativas na Pós-Graduação: escuta, curiosidade e amor
- Desafios e estratégias na Pós-Graduação: uma conversa necessária
- Economia Solidária em Portugal: inspirações cartográficas

JOSÉ MARIA CARVALHO FERREIRA

Sociólogo e Professor Catedrático do Instituto Superior de Economia e Gestão (ISEG) da Universidade Técnica de Lisboa (UTL) onde é o responsável pelas disciplinas de Psicossociologia das Organizações, Comunicação e Negociação e Movimentos Sociais no Contexto da Globalização. Foi Presidente do SOCIUS (Centro de Investigação em Sociologia Económica da Organizações) do ISEG-UTL desde 1991 a 2012, com exceção entre 2002-2006. Foi Coordenador do Programa de Doutoramento em Sociologia Económica e das Organizações do ISEG-UTL e é Coordenador da linha de investigação "Desenvolvimento Sustentável, Terceiro Setor e Redes Sociais do SOCIUS/ISEG-Ulisboa. Tem escritos vários livros e artigos publicados por revistas e editoras nacionais e internacionais.

JULIANA CRESPO LOPES

Psicóloga e Pedagoga de formação, segui toda a cartilha do percurso acadêmico, até o pós doc (que não é um título, mas é algo legal de se fazer!). Atualmente produzo conhecimentos sobre Psicologia da Educação junto a estudantes da UFPR. Muito recentemente me credenciei na pós-graduação e sigo buscando construir práticas educacionais decoloniais e centradas em estudantes nos espaços que ocupo. Em épocas pandêmicas fiz videos sobre desenvolvimento humano e aprendizagem que estão no YouTube, só escrever meu nome completo na busca. Para fazer contato, me escreve um e-mail: juliana.crespo@ufpr.br

NÁTALI ROBERTA DE SOUSA NUSS

Mestranda em Urbanismo pelo Programa de Pós-Graduação em Urbanismo da Faculdade de Arquitetura e Urbanismo da Universidade Federal do Rio de Janeiro (PROURB/FAU-UFRJ) e pesquisadora CAPES pelo Programa de Excelência Acadêmica (PROEX), desenvolvendo sua dissertação de mestrado intitulada "DO PAC AO PAC'STÃO: As potencialidades de apropriação do espaço público a partir do estudo de caso do projeto urbano do PAC no Complexo de Manguinhos - RJ". Paisagista formada com grandes honras pela Escola de Belas Artes da Universidade Federal do Rio de Janeiro (EBA-UFRJ), tendo sido laureada com o título de Dignidade Acadêmica Magna Cum Laude. Marcando presença em diversos congressos internacionais, teve também seu projeto selecionado para a Global Student Summit Interactive Exhibition sobre futuros sustentáveis, no UIA 2023 em Copenhagen, Dinamarca. Possui profundo interesse de estudo no cruzamento de projetos e planejamentos urbanos com dinâmicas sociais, com ênfase na relação de áreas de favelas com o espaço público.

ROSIANE ALVES PALACIOS

Mestra em Administração pela PUCRS, Especialista em Gestão Pública pela UNIPAMPA e em Docência para o Ensino Técnico pelo SENAC. Graduada em Administração e em Gestão Pública pela UNIPAMPA. Atualmente é Doutoranda do Programa de Pós-graduação em Administração da PUCRS na linha Estratégia, Organizações e Sociedade com periodo de Doutorado Sanduiche na Danube University Krems, Áustria, pesquisando governança em cidades.

SAMANTA BORGES PEREIRA

Pós-doutoranda no Programa de Pós-graduação em Desenvolvimento, Tecnologias e Sociedade (PPG-DTECS/UNIFEI), doutora em Administração no Programa de Pós-graduação em Administração (PPGA/UFLA). Membro do Laboratório de Estudos Transdisciplinares (LETRA).

Made in the USA
Monee, IL
03 May 2026